高等职业教育学前教育专业"理实一体化"立体教材

幼儿园环境创设

主　编　邵筱凡
参　编　王区区　王春子　王丽芳
　　　　朱晓洁　祝　慧　张小雷
　　　　张玉凤　商　薇　杜晴晴

南京大学出版社

图书在版编目（CIP）数据

幼儿园环境创设/邵筱凡主编 . -- 南京：南京大学出版社，2019.9（2022.6 重印）
高等职业教育"十三五"学前教育专业规划教材
ISBN 978-7-305-22038-8

Ⅰ.①幼… Ⅱ.①邵… Ⅲ.①幼儿园－环境设计 Ⅳ.① G617

中国版本图书馆 CIP 数据核字（2019）第 079272 号

出版发行　南京大学出版社
社　　址　南京市汉口路22号　　邮　编　210093
出 版 人　金鑫荣

书　　名　幼儿园环境创设
主　　编　邵筱凡
责任编辑　丁　群　蔡文彬　　编辑热线　025-83597482

照　　排　南京新华丰制版有限公司
印　　刷　南京凯德印刷有限公司
开　　本　889×1194　1/16　印张　9.75　字数　280 千
版　　次　2019年9月第1版　2022年6月第3次印刷
ISBN 978-7-305-22038-8
定　　价　50.00元

网址：http://www.njupco.com
官方微博：http://weibo.com/njupco
微信服务号：NJUyuexue
销售咨询热线：（025）83594756

*版权所有，侵权必究
*凡购买南大版图书，如有印装质量问题，请与所购图书销售部门联系调换

前　言

　　本系列教材以《教师教育课程标准》和《幼儿园教师资格考试标准》为指引，以《幼儿园教育指导纲要（试行）》《3-6岁儿童学习与发展指南》中艺术领域目标为落脚点，力求突出学前教育专业特色，美术基础技能以够用、适用为度，注重学生创新观念的养成和实践操作过程的体验，注重思政元素与美术课程的融合。本系列教材由《美术基础》《儿童画创编》《手工》《幼儿园环境创设》四本教材组成，知识内容由简到繁、循序渐进，紧密结合了当前学前教师实际需求。在内容编写和体例编排上，科学、系统、实用、新颖，符合学前教育专业学生的学情及学习认知特点。教材采取模块教学的编写体例，可以满足美术课堂教学需要和学生个性发展需要，教材没有具体规定各年级的学习内容，教师可根据专业培养目标和本校实际，进行编排组合。

　　本教材分为八个模块，内容包括幼儿园环境创设理论指导、幼儿园空间环境的构成、幼儿园环境设计要素与制作形式、幼儿园视觉形象设计、幼儿园主题墙饰的设计、幼儿园活动区的规划与设计、幼儿园玩教具制作和幼儿园特色环境的打造。教材内容丰富全面，图文并茂，相辅相成。本教材理念新颖，理论与实践并重，既有幼儿园环境创设的理论指导，又具有较强的应用性和实践操作性，书中提供大量国内优秀实景图例供学生赏析与借鉴。本书可作为三年制高职高专学前教育专业和五年制初中起点学前教育专业教材，也可供幼儿园教师和从事幼教、儿童美术绘画教学工作者参考。

　　本书由邵筱凡主编，模块一《幼儿园环境创设理论指导》由王区区编写，模块二《幼儿园空间环境的构成》由王春子编写，模块三《幼儿园环境设计要素与制作形式》第一节由张小雷编写，第二、三、四节由邵筱凡编写，模块四《幼儿园视觉形象设计》由王丽芳编写，模块五《幼儿园主题墙饰的设计》由朱晓洁编写，模块六《幼儿园活动区的规划与设计》由邵筱凡编写，模块七《幼儿园玩教具制作》由祝慧编写，模块八《幼儿园特色环境的打造》由张玉凤、商薇、杜晴晴、邵筱凡编写。全书由邵筱凡统稿。

　　本教材的编写得到参编教师所在单位领导的大力支持，得到国内众多知名幼儿园的帮助和配合，尤其得到了部分省优秀示范幼儿园的大力支持，具有丰富经验的幼儿园园长和一线教师参与了实践部分的编写。在此，我们表示衷心的感谢！本书图例大多取自幼儿园的实景和优秀案例，也有师范院校学生实训作品，个别图例选自相关出版物或网站，在此表示诚挚的谢意！

　　书中图2-1-1、图2-1-4、图2-1-6、图2-1-9、图2-1-14~图2-1-19、图2-2-7、图2-2-11、图2-2-23~图2-2-25、图3-2-36~图3-2-41来自杭州滨江区月明幼儿园；图2-1-3、图2-1-5、图2-1-10、图2-2-1、图2-2-12、图2-2-17、图6-1-14、图6-3-1、图6-3-31、图6-3-36来自杭州钱塘山水幼儿园；图2-2-3、图2-2-21、图2-2-22、图3-2-30~图3-2-32来自杭州滨江区白马湖实验幼儿园；图2-1-2来自福建永春港永幼儿园；图3-1-9、图3-1-18来自济南幼师附属幼儿园；图2-2-8、图3-2-23、图3-3-8、图3-3-25、图3-4-42、图5-1-25、图5-1-26、图5-2-22、图5-3-6、图6-1-1、图6-3-37来自徐州幼专附属幼儿园；图2-1-11、图3-1-1、图3-1-15、图3-3-17、图3-3-19、图3-4-41、图5-1-14、图5-1-16、图6-3-8、图6-3-41、图6-3-45、图8-1-1~图8-1-22、图8-3-1来自徐州星光第二实验幼儿园；图3-1-17、图3-2-22、图3-4-49、图5-1-18、图5-1-29、图5-1-32、图5-2-18、图6-1-5、图6-1-6、图6-1-15、图6-3-11、图6-3-49、图8-3-3来自徐州星光实验幼儿园；图2-1-13、图3-1-3、图3-3-6、图3-3-7、图3-4-39来自徐幼集团御景湾幼儿园；图2-2-2、图3-1-5、图3-3-3、图5-1-1、图5-1-19、图5-1-31、图5-2-9、图5-2-20、图6-3-3、图8-2-1~图8-2-21来自徐州慧秀林幼儿园；图3-1-6、图3-1-11、图3-2-22、图3-2-24、图3-3-18、图3-4-45、图6-1-2、图6-2-7~图6-2-9、图6-2-27、图6-3-2、图6-3-13~图6-3-16、图6-3-22、图6-3-25来自徐州第一实验幼儿园；图2-3-30~图2-3-34来自徐州第二实验幼儿园；图3-1-7、图3-4-2、图6-2-3来自徐州妇联幼儿园；图3-1-8、图3-4-48来自徐州大地绿地幼儿园；图3-1-10、图3-3-21、图3-3-22、图5-1-17、图5-1-27、来自徐幼绿地世纪城幼儿园；图3-3-15、图3-3-24来自徐州文化艺术幼儿园；图3-4-25来自徐州公园巷幼儿园；图4-1-28来自杭州市蓝宸幼儿园；图4-2-12来自红黄蓝幼儿园；图5-1-10、图5-1-30、图5-2-25、图5-3-4来自徐州空军蓝天幼儿园；图5-2-17来自徐州幼师英伦城堡幼稚园；图6-3-24、图6-3-42来自昆山市爱唯叶集善幼儿园；图2-3-35~图2-3-37、图3-3-14、图3-3-27、图3-4-37、图6-3-18、图6-3-26、图6-3-32、图8-3-6来自徐州市翠屏教育幼儿园；图2-1-7、图2-2-4来自徐幼集团绿地旗舰园，图2-1-8、图2-2-19来自徐州幼师幼教集团新城区幼儿园，图4-2-11来自福州幼师第二附属幼儿园；图6-3-38来自爱唯叶时代幼儿园；图8-4-1来自商丘第一实验幼儿园；图8-4-2来自宿迁项里幼儿园；图8-4-4来自内蒙古沅梦幼儿园，在此表示衷心的感谢！

　　由于编写者水平所限，且时间仓促，一定存在很多不足之处，希望多提宝贵意见。

编　者

目 录

模块一　幼儿园环境创设理论指导……………………………………001

第一节　幼儿园环境概述……………………………………………002

第二节　幼儿园环境与幼儿发展……………………………………003

第三节　幼儿园环境创设的目标和基本原则………………………006

模块二　幼儿园空间环境的构成…………………………………………013

第一节　幼儿园户外区域环境………………………………………014

第二节　幼儿园室内区域环境………………………………………018

第三节　幼儿园空间设计经典案例…………………………………025

模块三　幼儿园环境设计要素与制作形式………………………………033

第一节　构思创意……………………………………………………034

第二节　色彩运用……………………………………………………039

第三节　材料运用……………………………………………………047

第四节　制作形式……………………………………………………054

模块四　幼儿园视觉形象设计……………………………………………063

第一节　幼儿园视觉形象设计的分类………………………………064

第二节　幼儿园视觉形象设计的经典案例…………………………070

模块五　幼儿园主题墙饰的设计…………………………………………… **073**

第一节　主题墙饰的设计要点………………………………………………… 074

第二节　主题墙饰的分类……………………………………………………… 080

第三节　常见主题墙饰解析…………………………………………………… 087

模块六　幼儿园活动区的规划与设计………………………………… **091**

第一节　活动区的规划与材料投放…………………………………………… 092

第二节　活动区区域牌、活动区规则、进区卡……………………………… 097

第三节　活动区的创设………………………………………………………… 101

模块七　幼儿园玩教具制作……………………………………………… **113**

第一节　玩教具概述…………………………………………………………… 114

第二节　幼儿园玩教具制作材料……………………………………………… 121

第三节　幼儿园区域玩教具制作……………………………………………… 127

模块八　幼儿园特色环境的打造………………………………………… **135**

第一节　传统文化艺术特色环境……………………………………………… 136

第二节　地域特色环境………………………………………………………… 139

第三节　地方特色环境………………………………………………………… 143

第四节　农耕特色环境………………………………………………………… 146

参考文献……………………………………………………………………………… 149

模块一
幼儿园环境创设理论指导

【本模块概要】

教育部在 2012 年颁布的《幼儿园教师专业标准（试行）》中，明确提出把"环境创设与利用"作为幼儿园教师必备的七项专业能力之一。因此，作为学前教育专业的学生，了解幼儿园环境创设的基本知识并具备相应的专业技能是十分必要的。

哪些属于幼儿园环境的范畴？为什么要重视幼儿园环境的创设？在创设幼儿园环境时应遵循哪些基本原则？本模块作为本教材的开篇，围绕这些问题，介绍了环境以及幼儿园环境的内涵和类别，分析了幼儿园环境与幼儿发展的关系，厘清了幼儿园环境创设的内容和目标，阐述了幼儿园环境创设的基本原则。在学完本模块内容之后，将对幼儿园环境创设的基本理论问题有一个清晰的认识。

【本模块学习目标】

1. 了解幼儿园环境的内涵和分类，理解幼儿园环境与幼儿发展的关系。
2. 掌握幼儿园环境创设的内容和目标，领会幼儿园环境创设的基本原则。
3. 树立科学的幼儿园环境教育观，认同幼儿园环境的教育价值。

第一节 幼儿园环境概述

陈鹤琴先生说:"儿童教育要取得较大的效益,必须优化环境。"蒙台梭利认为:"教育的基本任务是让幼儿在适宜的环境中得到自然的发展,教师的职责在于为幼儿提供适宜的环境。"可见,幼儿园环境是重要的教育资源。

一、环境的含义

在《教育大辞典》中对环境有两种解释,一是直接或间接影响个体的形成和发展的全部外在因素,包括先天环境和后天环境。二是以人为中心,围绕自我的事物,包括外部环境和个体的内部环境。外部环境包括先天环境和后天环境;内部环境包括个体的生理环境和心理环境。人的形成与发展过程就是一个不断与外部环境进行物质、能量、信息交换的过程[1]。环境总是相对一定的中心而言,中心不同,其所处的环境也会有差异。

二、幼儿园环境的内涵

幼儿园环境是一种特殊的环境,即教育环境,它是以在幼儿园环境区域范围内的幼儿为中心的环境,有广义和狭义之分。广义的幼儿园环境指幼儿园教育赖以进行的一切条件的总和。它包括幼儿园内部的小环境和幼儿园教育相关的家庭、社会等外部大环境。狭义的幼儿园环境指幼儿园内部对幼儿身心发展产生影响的一切物质条件和精神条件。包括幼儿园内的各种物质器材、房屋设备、空间布置、人员关系、制度文化等。本书中讨论的幼儿园环境指的是狭义的幼儿园环境。

我们必须认识到,幼儿园的环境本身并不会自动成为教育环境,只有当它进入人们的视野,作为认知对象,经过艺术加工,成为幼儿喜闻乐见的专用场所、设施,甚至特种玩具,才成为教育环境[2]。因此,教师在创设幼儿园环境时,要依据教育目的,着眼于幼儿身心发展的需要,创设"适宜"的教育环境。

三、幼儿园环境的分类

对幼儿园环境进行科学分类能够使我们从不同的角度看待幼儿园环境,获取幼儿园环境的不同信息,帮助我们形成更加全面、完整的幼儿园环境观。依据不同的维度,可以将幼儿园环境分为不同的类型。

1. 从物质形态上划分

按照物质形态的不同,可将幼儿园环境分为物质环境和精神环境。

广义的物质环境是指对幼儿园教育产生影响的一切天然环境和人工环境,包括自然风光、城市建筑、社区绿化、幼儿园室内装潢设计等。狭义的物质环境指幼儿园内对幼儿的发展有影响作用的各种物质的总和,包括园舍建筑、园内装饰、场所布置、材料的选择与搭配、空间的设计与利用等。

广义的精神环境指影响幼儿园教育场所的整个社会精神因素的总和,包括政治、

---

[1] 顾明远.教育大辞典(增订合编本·上)[M].上海:上海教育出版社,1997:604.
[2] 陈桂萍.幼儿园环境创设[M].上海:华东师范大学出版社,2016:4.

经济、文化、艺术、道德思想、风俗习惯、风土人情和生活方式等。狭义的精神环境指幼儿园内对幼儿发展产生影响的一切精神因素，包括教师的教育观、幼儿园的人际关系、文化氛围等。

2. 从空间布局上划分

按照空间布局来划分，幼儿园环境可分为室内环境和户外环境。

室内环境主要指幼儿园建筑内的空间以及其中的设施设备和材料，如园舍的内部建筑设计、空间规划、墙饰、活动室、睡眠室、盥洗室、游戏区角等。室内环境是幼儿园内的基本教育环境，对幼儿的学习和生活有着基础性的影响。

户外环境指幼儿园相对开放的区域及其中的设施设备，包括大型器械游戏区、沙水区、涂鸦区等，以及操场、走廊、楼道、门厅等。户外环境对于幼儿园保教工作的开展有着重要的作用和价值。

3. 从幼儿园一日活动的类型上划分

幼儿在园的一日活动基本上可以分为生活、游戏、学习三种，据此，幼儿园的环境也就可以相应地分为生活环境、游戏环境和学习环境。其中生活环境是幼儿生活起居的地方，包括睡眠室、盥洗室、就餐区等，以及床、毛巾、水杯等这些生活用具。游戏环境主要包括室内的各游戏区角，如表演区、角色区、建构区、益智区、科学区等，以及这些区域相对应的游戏材料。另外，幼儿园往往是以游戏的形式开展学习和集体教学活动，即"寓教育于游戏中"，所以游戏区和学习区很难清晰明确地分开，所有的游戏环境都可以看作是幼儿的学习环境。如果是以自发的游戏行为为主，就是游戏环境，如果是教师组织的有目的、有计划的集体教学活动，就是学习环境。

第二节　幼儿园环境与幼儿发展

马克思说："人创造了环境，同样环境也创造了人。"可见，人在与社会和物质环境进行互动的过程中，塑造了环境，发展了自己。身处一个适宜的环境中，幼儿与环境的互动就会有正向效应。一般而言，幼儿园环境对幼儿的影响体现在以下几个方面。

一、为幼儿的身心发展提供基本的保障

宽敞的园舍空间、合理的区域设置、丰富的游戏器材可以给幼儿提供锻炼机体的条件；整洁干净的室内外环境能够让幼儿感觉到舒适放松；丰富的游戏材料能够满足幼儿探索的需求；文明有序的集体活动环境有利于培养幼儿的规则意识；和谐融洽的人际关系能够培养幼儿合群、谦让、尊重他人等良好的品质。

二、影响幼儿的认知发展

幼儿的认知是在与周围环境相互作用的过程中不断发展的。皮亚杰认为："幼儿是通过与环境中的人和事物相互作用获得知识、形成概念的。"现在的脑科学也研究证明，儿童生活的环境越丰富，其脑部神经网络结构越复杂。行为主义心理学家华生也认为，

人的行为就是"刺激—反应"的结果。教师可以利用幼儿园环境这样一种刺激条件，把教育意图渗透到环境创设中去。比如，将幼儿的学习内容或成果展示在幼儿园的走廊，或在环境中创设问题情境，通过环境激发幼儿的主动学习，从而提高幼儿的认知能力。

三、影响幼儿的审美发展

爱美是人的天性，儿童天生就有发现美、感受美的能力。环境中的美感让人赏心悦目，心旷神怡。教师应努力创设一种经过精心修饰又不漏痕迹、源自自然的美，让幼儿在这样的环境中去发现美、感受美、创造美。首先在色彩上，应该给幼儿美的视觉享受，图画色泽宜单纯，接近自然，这样的色彩令纯洁的孩子产生丰富的想象。幼儿喜爱明快的色彩对比，活泼好动的幼儿从中可以感受到色彩变化的节奏。在为幼儿创造色彩对比、跳跃的同时，应考虑画面的整体美，采用较大浅色块支撑，可使画面既有局部美的变化又有整体协调感。圆浑、墩实、稚拙、简洁的美术造型最能吸引幼儿，因为尚未完全走出视觉模糊阶段的幼儿，对圆浑的造型能淋漓尽致地感知。一些幽默、活脱的细节，如滴着口水的舌头、咧着的大门牙、小的不能再小的斗眼、张嘴的大头靴都会令孩子们直愣着双眼，久久不愿离去。

四、影响幼儿的主动探究

幼儿园的空间、设施和活动材料的科学设计和选用，有利于引发幼儿的主动探索。一种使幼儿充满主动探索愿望的环境，从物质环境角度而言，就是符合幼儿身心发展水平的、趣味性的、挑战性的环境；从精神环境角度而言，就是充满尊重与理解的支持性环境。一个充满乐趣的、挑战性的环境能够有效激发幼儿与环境互动；反之，单调的、无趣的环境会使幼儿的学习变得被动[1]。

五、影响幼儿的行为

精心设计的幼儿园环境，除了有利于幼儿多种能力的发展外，还能减少幼儿的行为问题，使教师有更多的时间支持幼儿的学习。英国教育家帕梅拉·梅丝曾说过："我们应当随时敏感地看到孩子们的环境和他们对付环境的方式，如果不那么做，我们就会丧失大量的东西，甚至走上曲解孩子生活观念的危险境地。"我国台湾学者蔡春美等人综合许多研究，就环境的设计，包括空间密度、适度的隔档或界限划分、通道的畅通等对幼儿行为的影响，整理了环境设计与幼儿行为反应的关系，如表1-1所示[2]：

表1-1 环境设计与幼儿行为反应

环境设计		幼儿行为反应
空间密度	每位幼儿室内活动空间不宜少于0.186m²	当空间密度低于此限时，容易引发幼儿的攻击性行为，降低社会互动

---

[1] 冯芳.幼儿园环境创设[M].北京：北京师范大学出版社，2015:10.
[2] 蔡美春，张翠娥，敖韵玲.幼稚园托儿所行政[M].台北：心理出版社，1996:145.

适度的间隔或界限划分	提供家长休息室，并使静态活动区和游戏场分开，使家长可以仔细观察儿童行为； 分割活动室成较小的学习区域，且容易让幼儿辨识； 游戏场应设不同的活动区域，并加强对圈内各角落的利用，以形成静态活动； 活动场应设置各种大小的活动分区，以供应大小不同的活动团体	家长的来访容易引起儿童情绪上的兴奋； 在分割的学习区中，幼儿会以较安静的方式参与工作并进行互动，亦能增加幼儿与设备间的互动； 儿童在游戏场除了进行动态活动外，亦有部分静态活动； 儿童的活动形态常是大团体与小团体夹杂在一起
通道的通畅性	服务部门采用不同的出入口和道路，另设停车空间，以减少意外事件； 活动室的通道规划宜注意流畅性，保持1/3以上的剩余空间	服务型车辆和空间常是幼儿躲藏、追逐的好场所； 在左述的环境中，幼儿语言的表现多于身体动作的表现，且在身体及语言的表现中，促进成长的行为多于抑制成长的行为
隐秘处的提供	在活动室中提供一些隐秘的角落； 善加利用教师周围的角落，但要注意安全性	幼儿在可以独立游戏且具隐秘性的区域活动时，合作性行为增加，且较能安静地进行活动； 幼儿喜欢在各屋角处游戏
取用方便	经常使用的教材、教具放在幼儿容易取用的地方	方便取用的教材使用率较高，且幼儿互动的行为较多
柔软度	提供柔软度较高的物理环境，如明亮的彩色地毯、坐垫等	柔软度较高的环境给予幼儿一种亲切温暖、像家的感觉

美国学者朱莉·布拉德指出，为了预防常见的儿童问题，老师在创设环境时可以采取以下措施[1]：

（1）教师创设能允许小组不受任何干扰地进行合作活动的学习区（如有目的地设置室内或室外的专用活动区）。

（2）在区域之间摆放间隔物，以此为游戏提供保护空间，帮助儿童专注于游戏。

（3）区域之间有清晰的界线，使各区材料各就其位，互不干扰。例如，在美术区和建构区之间安放架子，以避免玩具货车从画架下"跑"过来。

（4）提供数量充足的材料和玩具（对于特别小的儿童来说，同种材料和玩具通常是必需的），这样可以避免由资源短缺而引发儿童之间的争吵。

（5）在每个区域投放有趣且吸引人的材料，避免所有儿童挤在同一个区域。

（6）放置有条理且贴有标签的架子，帮助儿童保持材料的有序摆放。

（7）材料和书籍的质量要好，并且精美，以激发儿童爱护它们。

（8）设置平面图，避免儿童将其视作跑马场。比如，设计一条环形路，邀请儿童奔跑。

（9）降低密度（指特定空间里的儿童人数），因为拥挤会增加攻击性行为的发生。

（10）对儿童的健康和安全需求做好安排。例如，设计用于睡眠或放松的休息空间。

---

[1]【美】朱莉·布拉德著；陈妃燕，彭楚芸译.0-8岁儿童学习环境创设[M].南京：南京师范大学出版社，2014:9.

第三节 幼儿园环境创设的目标和基本原则

一、幼儿园环境创设的目标

目标是一项工作开展的出发点和落脚点。幼儿园环境创设的目标是为幼儿的全面发展提供物质条件和精神氛围。《幼儿园教育指导纲要（试行）》中对幼儿园环境创设做了明确的规定，我们可以将其看作是我国幼儿园环境创设的总体目标：

环境是重要的教育资源，应通过环境的创设和利用，有效地促进幼儿的发展。

（1）幼儿园的空间、设施、活动材料和常规要求等应有利于引发、支持幼儿的游戏和各种探索活动，有利于引发、支持幼儿与周围环境之间积极的相互作用。

（2）幼儿同伴群体及幼儿园教师集体是宝贵的教育资源，应充分发挥这一资源的作用。

（3）教师的态度和管理方式应有助于形成安全、温馨的心理环境，其言行举止应成为幼儿学习的良好榜样。

（4）家庭是幼儿园重要的合作伙伴。教师应本着尊重、平等、合作的原则，争取家长的理解、支持和主动参与，并积极支持、帮助家长提高教育能力。

（5）充分利用自然环境和社区的教育资源，扩展幼儿生活和学习的空间。幼儿园同时应为社区的早期教育提供服务。

以上几类幼儿园环境创设的目标既关注到了幼儿的物质环境，又关注到了幼儿的精神环境；既强调幼儿园内部环境，又关注到幼儿园的周边环境；既强调环境对幼儿的影响，也看到幼儿在环境中的主动性。这些都对幼儿园环境创设实践具有现实的指导意义。

二、幼儿园创设的基本原则

幼儿园环境创设要遵循安全性、教育性、适宜性、主体性、动态性、丰富性和效能性等基本原则。

当前幼儿园环境创设中存在重观赏轻教育、重购置轻创造、重美观轻功能等问题，导致幼儿园环境发挥不了应有的作用。教师在创设幼儿园环境时应遵循一些基本的原则，并认真贯彻这些原则，才能真正地为幼儿提供良好的生活和学习环境，发挥环境作为"第三位教师"的功能。

1. 安全性原则

安全性原则是幼儿园在创设环境时首先要遵守的原则。它指幼儿园的园舍建筑、设施设备、活动场地、玩具教具等有形的物质必须符合国家颁布的相关卫生标准和安全标准，对幼儿的身心没有危险和安全隐患。安全的幼儿园环境使生活在其中的幼儿感到舒适、放松和安宁。

首先，要保证幼儿园园舍建筑和设施设备的安全。建筑物必须坚固，相关的配套设施如护栏、楼梯、阳台、户外活动器材等都应经常检修；墙角、窗台、窗口竖边等棱角部位必须做成小圆角；阳台、屋顶平台应设置一定高度的护栏，内侧不应设有支撑，采用垂直装饰；通道和楼梯必须保证通畅，必要时可贴上防滑条；盥洗池和便池的设计尺寸要方便幼儿使用，并加设幼儿扶手；电源开关、插头等应安装在幼儿够不着的地方并加上防护罩等。

其次，要保证材料的安全。建设材料和装饰材料要选择无毒的健康环保材料，禁止使用低劣的、含有有害物质的材料；活动材料应采用不易破碎、无锐边利角、细小零件不容易脱落的材料；避免选购一些"三无"塑料玩具，玩教具要定期清洗消毒。

安全的环境是幼儿生命得以保障的基础，只有在安全的环境中，幼儿才能健康成长、快乐学习。幼儿园环境创设中，要始终把安全性原则摆在首要位置。

2. 教育性原则

有人认为，有美术特长的人就一定会创设幼儿园环境。其实不然，创设幼儿园环境不只是追求美观，更要注重环境的教育价值，因为环境会潜移默化地影响幼儿的学习。

首先，环境创设要有利于教育目标的实现。幼儿园教育目标是促进幼儿德、智、体、美的全面发展，那么在创设环境时，这几个方面就不可厚此薄彼。教师往往重视幼儿的认知活动，从而设置阅读区、益智区等区域，却忽视幼儿科学探究精神的塑造，轻视科学区的创设；重视美术和手工技法的学习，从而设置美工区，但往往忽视审美教育，个人物品随意摆放，杂乱无章；重视幼儿良好品德的养成，贴一些文明标语，却忽视生活环境的教育，对待幼儿没有耐心或恶语相向等。

其次，环境创设要有启发思考的作用。传统的幼儿园环境创设多表现为让幼儿感知"这是什么"，而没有把重点放在启发幼儿思考"这是为什么"上，如果创设的环境既能够引导幼儿理解和接受已有的知识，又能激发幼儿去想象、创造和探索，让幼儿带着问题与环境互动，那么环境的教育作用就可以充分发挥出来。例如，与主题活动"种子"相结合的主题墙上，不仅有蔬菜的种子、水果的种子、草的种子等系列图片或实物，还可以用"问号"的形式设置相关的问题情境，如"种子发芽需要哪些条件？种子有哪些用途？远古的植物和现在的植物有什么不同？"等，这些问题情境的设置会使幼儿饶有兴趣地进行思考和探索。

再次，环境创设要考虑幼儿的学习品质。积极主动、认真关注、不怕困难、敢于探究和尝试、乐于想象和创造等是终身学习与发展所必需的宝贵品质。教师可以把这些品质的培养渗透到环境创设中。比如，可以在养殖种植区给幼儿分配他们力所能及的任务，培养其积极主动做事的品质；在科学区投放丰富的自然材料和适宜的工具，支持幼儿在游戏过程中观察、探索、思考，尝试进行简单的推理和分析，培养其敢于探索的品质；在美工区、音乐区、图书区提供丰富的照片、绘画、音乐作品和图书，让幼儿自主选择，用自己喜欢的方式去模仿或创作，培养幼儿想象和创造的良好品质。

好的幼儿园环境是幼儿感兴趣的，愿意在这个环节中自由探索，将自己的知识经验建构的场所。这个环境中没有一样是无用的，处处都能吸引孩子积极投入，把孩子引入更深层次的学习中去。

3. 适宜性原则

适宜性又称发展适宜性，是指幼儿园所有物质条件都要与幼儿的发展水平、年龄特征、兴趣爱好、个性特征等相匹配、同步、协调，让每个幼儿都能在这个环境中找到适合自身的"支架"。

一方面，环境创设要适合幼儿的年龄特征。总的来说，幼儿园的环境创设要符合特定年龄阶段幼儿普遍的身心特点，体现幼儿的年龄差异。从一般的年龄特征来看，小、中、大班幼儿的身心发展特点差异还是很明显的，教师要根据不同的年龄特征提供不同的发展环境。比如，小班环境要结构简单，色彩鲜艳，温馨感强；中班环境在小班基础上突出操作性，增加一些能让幼儿与环境互动的元素；大班环境要突出探索性，提供的材料要能刺激幼儿的探索热情。从游戏材料数量和性质上来说，小班幼儿生活经验不是很丰富，投放游戏材料的种类不宜过多，否则会起到干扰作用；又因小班幼儿以平行游戏为主，喜欢模仿，所以，同种类的材料数量可以多一些，如两至三套的娃娃家玩具；而且小班幼儿的游戏行为大多是由材料引发的，所以给小班幼儿提供的游戏材料应是高结构的、形象逼真的，这样能引发小班幼儿的游戏行为。大班幼儿的生活经验丰富，想象力大幅度增强，在区域材料的投放上，就可以多提供与社会生活相关的材料，如玩邮局游戏、旅行社游戏的材料，并且尽量多提供一些低结构的材料，给幼儿想象和创造的机会。同时，布置区角环境时，可以适当留白，让幼儿根据游戏需要自己选择所需物品，充分发挥大班幼儿的自主性。年龄特征既具有稳定性，也具有可变性。因此教师还要依据现实中本班幼儿的水平、能力、兴趣等进行环境创设，才能真正做到为幼儿提供"适宜"的环境。

另一方面，环境创设要适合幼儿的个性特征。环境创设除了要考虑幼儿的普遍性需求，还要考虑每个幼儿的动机需要、兴趣爱好、能力水平和性格特点等，使环境尽量体现个性化。可以先根据幼儿的年龄特征来创设空间、投放材料，然后根据幼儿的具体情况增加、删减、修正环境。比如，给中班幼儿提供卡片，让幼儿进行颜色和形状的二维分类，对于能力强的孩子，还可以增加大小这一维度，进行三维分类；再比如，为性格内敛的幼儿提供类似帐篷、小屋等材料，使他们有独处的空间，为性格外向的孩子提供密室逃脱等冒险性的游戏材料，这样不同性格特征的幼儿在同一个环境中都能找到属于自己的空间。

幼儿只有生活在这样一种友好、接纳的环境中，才能自由放松、积极主动地与环境互动，也才能成为一个友善、包容、自主、独立的人。

4. 主体性原则

教师在创设环境时，心里一定要秉持一个理念，那就是幼儿是环境的主人，幼儿的发展是幼儿园环境设计的出发点和落脚点。幼儿不仅是环境创设的参与者，更是环境创设的主人，对环境有着绝对的支配权和管理权，在环境创设中，只有尊重幼儿的主体地位，才能引导幼儿在环境创设中表现出能动性和创造性。

传统的幼儿园环境创设更多体现了教师的主导作用，一方面，从设计到布置到评价都由教师完成。一些教师虽然让幼儿参与到环境的创设中，但从环境主题的生产、设计到实施，幼儿只是"配合"教师去做，这种被动参与并没有体现幼儿的主体地位。另一方面，在环境布置的内容上，由于注重艺术性，许多情况下是教师擅长什么就布置什么，幼儿常常被当作被动的受体，机械接受老师的安排；当环境布置好后，就成为只供观赏的"静态景观"，较少让幼儿在其中自由开展活动，即使有一些活动，也缺乏选择的自主性，使幼儿不能自主地与环境互动，幼儿主体性的地位难以体现[1]。

要想在环境创设中体现幼儿的主体地位，首先要让幼儿参与到环境创设中，让幼儿参与环境的设计、支配与管理。陈鹤琴先生说过："用儿童的双手和思想布置的环境，会使他们更加深刻地理解环境中的事物，也会使他们更加爱护环境。"教师可以与幼儿讨论，共同确定环境布置的主题、材料、风格等，让幼儿按照自己的意愿和想法来创设环境，同幼儿一起把大家的作品巧妙地组合在一个整体中；还可以与幼儿一起收集游戏材料，幼儿用自己收集的材料装饰环境，是行使主人权利的重要途径。可以在教室内设置一个收纳箱，鼓励幼儿收集各种瓶子、盒子、挂历、石子、木片、树叶等，利用这些材料，幼儿与教师齐动手，制作各种装饰品，把教室装扮得更美丽；幼儿也可以把这些材料或装饰品作为游戏材料，既能丰富幼儿的活动内容，又能为幼儿园减少购置成本，还能让幼儿获得胜任感，发挥其学习的主动性。

5. 动态性原则

环境创设是一项持续性的工作，环境的内容、主题或材料并非固定不变的。环境是幼儿的环境，幼儿的活动内容、兴趣需要、知识经验都是在不断变化的，所以环境也应随着幼儿的这些变化而不断更新。

首先体现在空间布置上。幼儿园的空间布置并不是一开学布置好就一个学期不变动的，而是要根据班级开展的活动内容不断调整。我们经常看到幼儿园的一些活动区无人问津的场面，而有些活动区却是人满为患，这样就需要老师在收集幼儿意见的基础上，调整区域的空间布置。比如，删减一些区域或扩大某些区域的面积，调整区域之间的位置以便于增加幼儿互动的机会或减少区域之间的干扰等。

其次体现在内容的变化上。幼儿园环境创设的内容一般都是随着主题、季节、节日的变化而随时更换的。有些幼儿园将前一个主题的环境全部撤掉，围绕新主题重新布置环境，这样结束得太突然，主题衔接不够流畅，建议采用小步替换的方法，分部分替换，或将前一个主题的内容移至活动室外墙，留一部分放在活动室内的某个空间，便于幼儿对上一个主题的内容进行进一步的消化。

再次体现在材料的变化上。教师通过观察幼儿在区角的活动情况，了解幼儿对材料的使用率、幼儿的兴趣、幼儿的能力发展等，适时地调整活动区的材料。调整活动区材料主要有四种方式：添加、删减、组合和回归。添加材料能够引发幼儿新的探索行为，添加不是越多越好，要注意对量的控制；删减是适当减少游戏材料，拓展原有材料的探索空间，激发幼儿进行更具挑战性的活动；组合是打破区域材料之间的界限，将不同区域的有些材料组合起来，形成新的游戏；回归是将以前不用的材料重新投放，但是对材料使用的目的却发生了变化[2]。

环境创设的动态性原则要求教师能够敏锐觉察到幼儿的需要、兴趣以及能力的变化，所创设的环境是幼儿当下需要的，对幼儿的发展起到真正的支持作用。

6. 丰富性原则

教育环境区别于一般生活环境的根本特征之一就在于其富含高度浓缩的达成培养

---

[1] 袁爱玲. 幼儿园环境创设理论与实践[M]. 上海：华东师范大学出版社，2017:60.
[2] 王春燕. 幼儿园课程概论[M]. 北京：高等教育出版社，2007:188.

目标所需的教育因子。因此，环境创设的丰富性原则就是指创设幼儿园要依据《幼儿园教育指导纲要（试行）》及《3-6岁儿童学习与发展指南》提出的幼儿发展目标，为全体幼儿提供足够的、多种多样的、可供获取丰富的知识信息、情感体验以及活动技能等富含教育价值的物质条件。只有生活在这样的教育环境中，做到"没有一处无用的环境"，幼儿的潜能才能得到最大程度的发挥[1]。

一是要丰富室内外的活动空间。室内应尽量提供丰富多样的活动区，如角色区、表扬区、科学区、美工区、图书区、建构区、益智区、电脑区等；室外环境应设计丰富有趣的游戏场地，如游乐设施、养殖种植区、沙水区、涂鸦墙、休闲区等。如果没有丰富的活动区，幼儿的活动和学习必定是单调和低效的。

二是要丰富活动方式。幼儿的活动方式应注意兼顾静态和动态活动、用水的环境和干燥的环境、喧闹的活动和安静的活动、团体活动和个体活动、室内活动和室外活动，从这些维度上综合考虑就能给幼儿提供丰富的环境。

三是要丰富活动材料。从材料的数量上来讲，应提供丰富和具有广泛经验的材料，每种活动都要有足够的操作材料，满足多个幼儿同时活动；从材料的结构上，应考虑高结构、低结构和无结构材料类型的投放，满足不同幼儿的活动需求；从材料的性质上，应提供塑料、布质、纸质、木质、金属等不同质地的材料，有利于幼儿各种感官的参与。

7. 效能性原则

这里的效能指的是，在环境创设过程中的"投入"与其发挥作用的"产出"之间的关系。"投入"是指在环境创设中所需的人力、物力、财力、精力和时间等，"产出"指的是幼儿在这个环境中实现最大限度的发展。因此，在创设环境时就要考虑提高其效能性，如一物多用、一室多用等，以实现其教育功能的最大化发挥。我们可以从以下几个维度进行考量[2]：

第一，简易。活动室设计简易化，可避免幼儿过于拥挤。虽然幼儿需要丰富的环境，但活动区太复杂会产生"过犹不及"的后果。有些教师在狭小空间里加入了太多的学习区，而这些学习区之间又缺少联系，致使活动室充斥着混乱、争执和紧张。已有研究表明，幼儿在拥挤、喧闹的环境中会变得不知所措，并易感挫折。因此，不应当盲目设置所有的活动区，应根据班级幼儿的情况分阶段设置，应站在幼儿的角度，不断回应、反思幼儿的兴趣和需要，从而创设阶段性的、渐进式的环境。没有一开始就设计得很完美的环境，只有根据变化不断修正以达到最适合幼儿发展状态的环境。

第二，近便。首先从空间上，教室入口和各活动区的入口要留有较宽阔的空间，这样既方便幼儿自由通过，也减少拥挤带来的潜在危险；其次，活动区的设置要考虑活动类型，如美劳区、沙水区等要安排在水源的附近，以方便幼儿取用；再次，材料应放置在接近幼儿的视线高度的开放性架子上，这样不仅能刺激幼儿参与活动，还能给予幼儿更多的自我选择的机会。另外，室外游戏场的设置也要符合近便性原则，尽量不要设在园内的偏僻角隅，从而能够让幼儿利用户外活动时间就近游戏，同时也能减少安全隐患。

---

[1] 袁爱玲. 幼儿园环境创设理论与实践［M］. 上海：华东师范大学出版社，2017：53.
[2] 袁爱玲. 幼儿园环境创设理论与实践［M］. 上海：华东师范大学出版社，2017：62-64.

第三，相容与结合、分隔与边界。活动区往往具有共同的特质，如用水区可能涉及美工区、科学区；安静区可能包括图书区、视听区；嘈杂区可能包括装扮区、积木区。在设置这些活动区时，要考虑区域之间的相容性，即相容的活动区应靠在一起。例如，用水区应靠近水源，安静区应远离嘈杂区。另外，活动区之间，特别是相邻的活动区之间应当保持开放性，活动区之间的材料能够结合起来有效使用，互通有无。例如，娃娃家相邻图书区，在娃娃家进行扮演"妈妈"的幼儿会到图书区拿书来给"婴儿"读书；在美工区的幼儿会想到去沙水区用沙材料做"沙画"。这些都极大地发挥了活动区材料的效用。不仅要考虑活动区之间的相容和结合，同时也要注意它们之间的边界与相隔。如表演区的嘈杂和图书区的安静明显不相容，两个区不应相邻，可以用隔板或屏风隔开。另外，活动区之间应有清晰的边界，既能促进幼儿在适当区域使用器材，也使设备和器材的丢失和误用率降至最低。另外，边界也能减少活动的中断次数，从而提高活动效率和投入程度。

第四，多功能。首先是空间使用的多功能。一般情况下，幼儿园的物质条件与教育空间都比较有限。因此，应尽量使环境设施具有多种功能。例如，在空间的利用上，可采取一室多用的方法，用隔板、桌子、布帘、拉门、屏风等将空间进行临时、有效的分割，使固有的空间具有多种功能，以解决幼儿园空间不足的矛盾，满足幼儿活动的需要。又如，有的幼儿园把原来用于走路的路面，规划成各种道路线，配上红绿灯设施，对幼儿进行交通规则与安全行路方面的教育。通过发挥环境设施的多功能效用，可以提高环境的利用率。其次是材料使用的多功能。材料使用的多功能体现在材料使用上的一物多用和以物代物。应多使用结构低、用途多的材料，如自然材料（水、沙等）和废旧物品。比如，用各种废纸盒组合搭建楼房、轮船、火车等；用塑料袋裁剪、编织成各种植物；用各种瓶罐组合搭建机器人、花篮等。利用废旧材料，其意义并不完全在于这些材料本身的价值大小，而在于培养幼儿的想象能力、创造能力和动手操作能力。另外，幼儿有时更喜欢假想性或替代性的游戏，古有"郎骑竹马来，绕床弄青梅"的诗句，就形象地说明了幼儿的这个特点。因此，多放置能够以物代物的材料（如线绳、瓶罐、木棍等），能够培养幼儿的想象力和创造力。室外游戏场也要考虑材料的设置是否新奇、是否具有多功能性，可采用弹性器材（如木片、轮胎、绳子、工具、水管等）以供幼儿自主操作。另外,用废旧物品创意组合的器材更具有化腐朽为神奇的教育意义，例如，用废弃轮胎做攀登架、球干或隧道，用较粗的塑料管道或稻草做游戏小屋，将废旧课桌椅上色做成小火车、平台或小篱笆等，对这些材料排除安全隐患后再加以整理，都将成为最佳的游戏器材。

 真题再现

1.（2013年上半年）环境与教育目标相一致的原则是指环境的创设要体现环境的（　　）。

A. 目的性　　　B. 优美性　　　C. 教育性　　　D. 多样性

2.（2011年上半年）简述幼儿园心理环境创设的重要意义。

3.（2012年上半年）简述幼儿园环境创设的原则。

4.（2014年上半年）材料分析题：请根据环境创设的基本原则，对案例中为识字比赛创设的墙面环境进行评价。

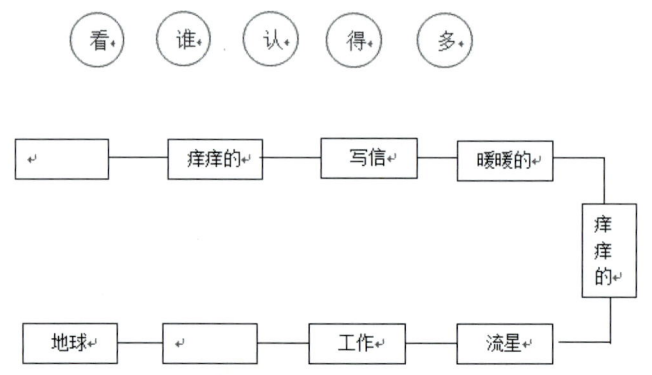

5.（2017年下半年）论述题：什么是幼儿园环境？为什么幼儿园教育中要强调创设良好的幼儿园环境？请联系实际说明。

真题参考答案

 **练习与实训**

1. 绘制幼儿园环境创设基本理论思维导图

目的：把握本模块知识点之间的联系，加深对本模块内容的识记与理解。

要求：以个人为单位，用纸张或思维导图软件制作，小组内分享和修改完善。

2. 在老师的带领下参观一所幼儿园，注意此幼儿园的环境创设

目的：把理论知识运用到实践中，做到"学有所用"。

要求：（1）了解幼儿园室内、室外的环境创设情况；

（2）运用所学的理论知识分析该幼儿园环境创设中运用或违背了哪些原则；

（3）就某一点提出自己的设想。

 拓展链接

推荐阅读

1. 朱莉·布拉德：《0-8岁儿童学习环境创设》，南京师范大学出版社，2014年。

推荐理由：由朱莉·布拉德所著的《0-8岁儿童学习环境创设》内容覆盖0-8岁儿童学习环境创设的范围。书中为每个年龄段学习环境创设提供了详细的指导，如阅读角、自然角、科学角等区角的环境创设，同时也对学习策略提供了指导。可作为学前教育专业学生的拓展阅读书籍，也可以作为在职幼儿园教师的优质参考资料。

2. 袁爱玲，廖莉：《幼儿园环境创设理论与实操》，华东师范大学出版社，2017年。

推荐理由：基于生态系统的环境观阐述了环境的重要性和创设优质的幼儿园教育环境应该尊重的基本原则，有助于学前教育专业在校学生把握环境创设与利用的正确方向。本书根据《3-6岁儿童学习与发展指南》的精神与目标，从三个年龄段提出了创建大、中、小班班级环境的要求，在丰富学生理论知识的同时，帮助学生通过实操提高理论的运用能力。

模块二
幼儿园空间环境
的构成

【本模块概要】

幼儿园是幼儿生活、游戏和学习的场所,幼儿的身心发展受到周围环境潜移默化的熏陶和影响。为幼儿创设良好的、有益于身心发展的环境是十分重要的。使孩子们能够从幼儿园环境布置中增长见识、感受快乐,是每一位幼儿园教师应该具备的基本素质。

幼儿园环境从性质上,可以分为物质环境和精神环境。幼儿园物质环境主要包括生活设施、玩教具材料设备等有形的物质;幼儿园精神环境主要包括集体氛围、活动气氛、心理因素构成的复杂的环境系统,它与幼儿园的物质环境共同构成了幼儿园环境的整体。幼儿园环境从区域、位置上分,可以分为户外环境和室内环境。其中,户外环境包括幼儿园大门、院墙、楼体外墙、幼儿园景观设计、操场、室外活动区等;室内环境包括公共室内环境、功能教室环境、主题活动墙面设计和室内区域环境等。

【本模块学习目标】

1. 了解幼儿园空间环境的构成,认识幼儿园户外区域环境和室内区域环境创设的形式。

2. 欣赏并理解瑞吉欧教育理念和华德福教育理念下的幼儿园环境创设的形式和特色。

3. 提高审美素养,同时与幼儿园实际运用相结合,扎实幼儿园教师基本功,为今后从事幼儿园教育教学工作打下良好的基础。

第一节 幼儿园户外区域环境

幼儿园户外区域环境是指幼儿园楼体以外的场地，由幼儿园大门、院墙、楼体外墙、幼儿园景观、操场、室外活动区、各类户外游戏场构成。近几年，越来越多的学者研究发现，从幼儿园的教育方式和特点以及幼儿身心发展的需要来看，户外环境创设，应作为幼儿园建筑设计不可缺少的组成部分，必须给予足够的重视，并精心设计，使幼儿能生活在一个明朗、愉快、富有教育意义的环境里。

一、幼儿园大门

幼儿园大门、围墙以及楼体的设计是家长和孩子对幼儿园的第一印象，其建筑形式多种多样。

一般来说，幼儿园大门两侧展示幼儿园的名字，宜用轻松活泼的颜色吸引幼儿注意，也可以在大门和围墙上描绘上可爱的形象以体现幼儿园特色（图2-1-1）。图2-1-2中大门由高耸的蘑菇和尖顶的城堡构成，营造出童话般的意境，符合幼儿的心理特征。

图2-1-1　杭州滨江区月明幼儿园大门　　　图2-1-2　福建永春港永幼儿园大门

二、幼儿园绿化与景观

设置合理、美观的绿化为幼儿创造一个良好的户外活动环境，促进幼儿的身心发展和情绪的愉悦。花草树木的种植应以其生长习性、高度、色彩而设置，要定期维护和清理，打扫园中的枯枝杂物、玻璃、锐利器物等垃圾，保障幼儿活动场地安全、整洁。

1. 园区道路

园区道路依据不同功能铺设不同材质，如在幼儿骑车、推车区域铺设平坦、坚硬的水泥地；在幼儿休憩、散步区域使用鹅卵石、石板等铺设幽静小道等（图2-1-3、图2-1-4）。

图2-1-3　水泥路　　　图2-1-4　石板路

2.凉亭、长廊

凉亭、长廊可供幼儿休憩、遮阴、观赏。凉亭内最好配置桌椅,适当运用彩绘、涂鸦活泼园区景致。长廊可种植藤蔓植物,还应定期检查长廊顶架负荷,排除安全隐患。

3.种植区

幼儿园选择适合的地点设置一块或多块土地,供幼儿种植花卉、蔬菜等的地方。虽然室内的自然角也能种植一些短株植物,但绝大多数农作物无法在自然角中用土栽培,教师可以根据实际情况引导幼儿选择栽培的植物(图2-1-5、图2-1-6)。

幼儿园还可以根据幼儿的需要创设各式各样的户外区域。

图2-1-5 花卉种植区

图2-1-6 蔬菜种植区

三、幼儿园户外游戏场所

《幼儿园工作规程》第三十五条规定:"幼儿园应当有与其规模相适应的户外活动场地,配备必要的游戏和体育活动设施,创造条件开辟沙地、水池、种植园地等,并根据幼儿活动的需要绿化、美化园地[1]。"户外游戏活动场所是幼儿园里孩子们最喜欢的地方之一,幼儿园可以按照其功能将其划分为以下区域:

1.大型玩具区

主要是指攀登架、滑梯这样的大型组合玩具和秋千、跷跷板、转椅这样的中型玩具区,在幼儿出口着地处铺设软垫,也可将地面做成草坪以保护幼儿安全(图2-1-7、图2-1-8)。利用大型玩具幼儿可以练习钻、爬、跳等动作,提高身体灵活性和协调性。

图2-1-7 攀登架

图2-1-8 滑滑梯

2.攀爬区

小孩子都喜欢攀爬,尤其是中大班的幼儿,所以户外场所应该尽可能为幼儿设计1~3个攀爬区。比如,可以在墙面设计攀岩,在长廊设计软索爬梯,在草坪上设计轮胎

---

[1] 中华人民共和国教育部.幼儿园工作规程[Z].2016.

爬墙等（图2-1-9、图2-1-10）。幼儿园的攀爬区要注意安全的保障，一般高度不会太高。此外，要有不同材料布置，供不同能力的幼儿挑战，同时下面以草坪或沙池进行保护，攀爬时有相应的安全保护措施。

图2-1-9　攀爬墙　　　　　　　　图2-1-10　攀爬架

3. 玩沙区

沙、土为不定型材料，具有较强的可塑性和可变性，可以满足幼儿任意摆弄的愿望，对幼儿具有天然的亲和力。幼儿园应该根据人数的多少设计几个不同规格的沙池，沙池四周最好有高大的树木，夏季能提供树荫（图2-1-11）。

4. 玩水区

喜欢玩水是幼儿的天性，幼儿玩水时可训练感觉器官，了解水的特性，也可以得到快乐。有条件的幼儿园可以设置嬉水池，教师引导幼儿利用水开展体育游戏，如嬉水、拍水等活动（图2-1-12）。

5. 操场

操场是幼儿做操和自由活动的场地，为了保证幼儿的安全，通常情况下使用塑胶地面，具体游戏类型可随天气、季节变化而变化，如玩风车、玩沙包、玩飞碟、走莲花桩、玩球等（图2-1-13）。

图2-1-11　沙池　　　　　　图2-1-12　嬉水池　　　　　　图2-1-13　操场

 实景再现

杭州滨江区月明幼儿园

图2-1-14　　　　　　　　图2-1-15　　　　　　　　图2-1-16

图 2-1-17　　　　　　　　图 2-1-18　　　　　　　　图 2-1-19

 案例分析

新西兰幼儿园户外环境

新西兰属温带海洋性气候，常年气温处于15℃~20℃，空气清新，阳光明媚。幼儿每天都有很多时间在户外活动，即使下小雨也不例外。

幼儿园室外地面有沙地、泥土地及鹅卵石，而更多的是大片绿茵茵的草地。幼儿很喜欢赤着脚在园中兴高采烈地追逐奔跑，在运动中感受着不同地面材料对感官的刺激（图2-1-20、图2-1-21）。有的幼儿园在草地上还特意堆起小山坡，让幼儿进行登、滑、爬等活动，胆大的幼儿骑着小自行车或滑板车蹬上溜下。有的幼儿园用旧轮胎插入地面做成跳马，幼儿合作把旧轮胎垒高或滚动着玩。

图 2-1-20　　　　　　　　　　　　图 2-1-21

 练习与实训

1. 幼儿园户外区域环境包括哪些？
2. 幼儿园户外游戏场所有哪些？
3. 如何设置合理、美观的幼儿园绿化与景观，为幼儿创造一个良好的室外活动环境，结合幼儿园实践举例说明。

 拓展链接

特法瑞奇法（The Whāriki）和高瞻学习法（High Scope）

新西兰非常重视幼儿教育，对于幼教的支持和投入也非常大。比如，2016年的预算对幼教的支持高达3.97亿纽币，可见新西兰对幼教的重视程度之高；另外，政府会向3-5岁幼儿提供每天不超过6小时、每周不超过20小时免费的幼儿园补贴。

新西兰的幼儿园里，可以看到不同肤色、不同文化、不同背景的小朋友一起玩耍、学习，有欧洲后裔、当地土著毛利人、斐济人、中国人、韩国人、印度人等，俨然一个小小的"联合国"。在这种情况下,把孩子教育好更需要适合的教育理念。

1. 特法瑞奇法(Te Whāriki)

在新西兰,不论是幼儿课程的教学设计,还是教育教学实践,亦或是幼儿园教师专业标准都始终秉承着特法瑞奇文件的理念。换言之,特法瑞奇文件是新西兰幼儿教育工作者的"圣经"。

"Whāriki"为毛利语,意为编织地毯、垫子。编织一条毛毯的过程是漫长复杂的。这个过程需要注意众多线条交叉相连。不同的编织图案喻指新西兰国内多元民族文化背景以及各类幼儿教育机构形成的不同教育模式和课程。

特法瑞奇文件并没有对学前教育做出详尽细致的规划,而是以"培养儿童成长为富有竞争力、充满自信的学习者和沟通者。他们思想成熟、身体健康、精神充盈,有归属安全感,同时能够对社会做出有价值的知识贡献"为目标。

2. 高瞻学习法(High Scope)

高瞻学习法在上世纪60年代才开始发展,该方法最主要目的就是通过引导养成幼儿主动学习的态度,建立起认知结构。帮助孩子在未来的学习中获得成功。没有特定的教学方法,只有一个每日例行活动的框架,孩子按照这个框架开展一天的活动。

图 2-1-22　　　　　　　　图 2-1-23　　　　　　　　图 2-1-24

第二节　幼儿园室内区域环境

幼儿园室内环境是幼儿教育环境最主要的组成部分,主要包括公共室内环境、主题活动墙面设计和室内区域环境创设。室内环境创设科学合理,将为幼儿的身心健康发展提供重要保障,本节重点介绍公共室内环境,公共室内环境包括室门厅、走廊、楼梯、礼堂、教室、餐厅、卧室、洗手间、公共活动室等。

一、门厅

幼儿、家长、老师每天都要经过幼儿园的门厅。可以说,门厅是幼儿园向家长展示特色的窗口,是幼儿园整体环境创设的灵魂所在,代表一所幼儿园的教育理念和教育品位。一个创意独特、寓意深刻的展示墙,可以把幼儿园的教育理念和文化加以提升和巧妙融入,使展示墙既美观漂亮又具有文化内涵和深刻含义(图2-2-1)。门厅的装饰也可以根据季节或幼儿园的活动主题进行调整。

门厅设计要注意整齐、大方、美观。可以提炼幼儿园的教育理念和宣传口号,展示在墙面上。门厅的地面可以加上装饰性图案或指示性标牌（图 2-2-2），图 2-2-3 中的门厅，整体简洁大方，又能够展示幼儿园的园务信息，很好地体现了门厅的功能。

图 2-2-1　杭州钱塘山水幼儿园门厅　　图 2-2-2　徐州慧秀林幼儿园门厅　　图 2-2-3　杭州滨江区白马湖实验幼儿园门厅

二、走廊

走廊是幼儿和教师每天要经过的场所，如果走廊比较宽敞，可以利用走廊的部分空间进行区域活动，或者设计成各班级的功能区。图 2-2-4~图 2-2-7 中，走廊成为幼儿作品的展示区，或者作为幼儿放置生活用品、进行区域活动的小场所，还可以在走廊上设置"家园合作栏"，将走廊空间很好地利用起来。

图 2-2-4　幼儿作品展示区（1）　　　　图 2-2-5　幼儿作品展示区（2）

 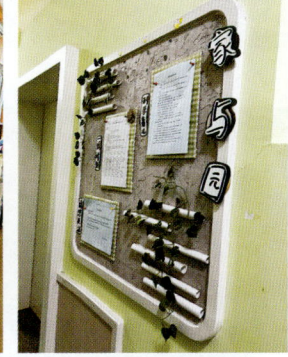

图 2-2-6　幼儿作品展示区（3）　　　　图 2-2-7　家园合作栏

三、楼梯

幼儿园楼梯需要符合幼儿的身体特点，楼梯应有扶手，图 2-2-8 中扶手是玻璃的，可以在玻璃上做一些装饰。楼梯旁边的装饰应与幼儿的兴趣和需要结合，最好是能够近距离欣赏的一些图片或文字，形象不要过大，以幼儿适宜观看为度，还要考虑到环境的整体性，不宜太过凌乱。楼梯较宽的情况下，利用楼梯的坡度设置攀岩活动区域，既符合孩子们的需求，又达到合理利用空间的目的（图 2-2-9）。

图 2-2-8　楼梯（1）　　　　图 2-2-9　楼梯（2）

四、公共活动室

公共活动室是幼儿生活、活动的主要场所。公共活动室应配置盥洗室、厕所、挂衣室、储藏室和卧室等。按我国国家建设委员会规定的建筑设计指标，每名学前儿童应占 2.5 平方米的面积，活动室室内净高不低于 3.3 米。幼儿园的公共活动室按功能分为多功能活动室、专用活动室和班级活动室三种类型。多功能活动室一般是幼儿园大型活动室，可供开展音乐、体育、游戏、观摩、集会及陈列幼儿作品等活动。专用活动室是具有特定功能的活动室，如美术活动室、建构活动室、图书室，这类活动室一般面积较小，功能较单一。图 2-2-10 为多功能活动室，图 2-2-11 为图书室，图 2-2-12 为建构室，图 2-2-13、图 2-2-14 为美术活动室。

图 2-2-10　多功能活动室　　　图 2-2-11　图书室　　　图 2-2-12　建构室

图 2-2-13　美术活动室（1）　　　图 2-2-14　美术活动室（2）

在班级活动室的布置上，首先要规划各活动区域。幼儿园活动室应该规划的区域有：学习区域、生活区域、自由活动区域。学习区域主要用于幼儿进行集体教育活动应配备足够数量的桌椅和各类玩具；生活区域包括盥洗室、卫生间、小饭桌等；而自由活动区域主要用于幼儿进行各领域的自由探索，应投放符合幼儿兴趣和年龄特点的材料（图 2-2-15、图 2-2-16）。

图 2-2-15　活动室（1）　　　　图 2-2-16　活动室（2）

活动室的布置包括墙饰设计和活动区域设计，本书后面将具体讲到墙饰和活动区域设计的方法。

五、生活区

幼儿园生活区主要用于幼儿睡眠和盥洗。有的幼儿园将生活区和班级活动室分开，设有专门的寝室和洗手间，有的幼儿园则将幼儿的睡眠区与活动室设置在一起（图2-2-17）。

一般来说，生活区的布置应卫生干净、整洁舒适、色彩柔和、形式简洁，图2-2-18的寝室，整体布置比较素雅简洁，能够减少对幼儿的刺激，方便幼儿快速入睡；图2-2-19的幼儿卫生间，高低大小以幼儿为本，干净整洁最为重要，能够满足幼儿的盥洗需要。

图 2-2-17　生活区　　　　图 2-2-18　幼儿寝室　　　　图 2-2-19　幼儿卫生间

 实景再现

杭州滨江区白马湖实验幼儿园和杭州钱塘山水幼儿园

图 2-2-20　　　　图 2-2-21　　　　图 2-2-22

图 2-2-23　　　　　　　　图 2-2-24　　　　　　　　图 2-2-25

案例分析

自然、生态、和谐——新西兰奥克兰各幼儿园环境展示[1]

一个有准备的环境能够成为幼儿学习的"第三位老师"。环境的作用对于幼儿的成长是至关重要的。从环境的布置中也能够折射出教育者的儿童观和教育观。以下介绍新西兰奥克兰的三所幼儿园：Anchorage Park Kindergarten、Chelsea Kindergarten、Parnell Kindergarten，每所幼儿园由于所拥有的资源不同也表现出了许多个性化的元素。

1.Anchorage Park Kindergarten——环境富有审美价值

环境中有许多富有童趣的装饰供小朋友们欣赏和观察，整体配色非常讲究。幼儿园非常重视环境给幼儿带来的欣赏和提升审美的价值，希望幼儿每日生活的环境是能够传递着美感的。

在幼儿园室内一角布置了一些供小朋友们观察的动物图片，并提供了相应的绘本和观察记录的表格（图 2-2-26）。

环境中精心布置了类似森林聚会的场地，小朋友们可以自由地去摆弄、玩耍（图 2-2-27）。

区域环境布置也十分讲究，还原了许多新西兰家庭的风格，小朋友可以尽情在这里进行角色扮演游戏（图 2-2-28、图 2-2-29）。

图 2-2-26　　　　　　　　　　　图 2-2-27

图 2-2-28　　　　　　　　　　　图 2-2-29

[1] 小小传承人 & 传统文化.自然、生态、和谐——新西兰奥克兰各幼儿园环境展示［EB/OL］.www.sohu.com/a/314391644_10048754，2019-07-20.

的学习课堂，亲自种植与采摘，让孩子接触大自然，感知生命的成长（图 2-3-11、图 2-3-12）。

图 2-3-11

图 2-3-12

4. 学堂充分执行华德福理念

开展户外活动，家长与孩子一起参加活动（图 2-3-13、图 2-3-14）。华德福教育倡导孩子们去感知大自然的色彩，与大自然融在一起，连接大地。在七彩学堂的精灵世界中，孩子们可以在花海中感受最自然的美，在食材基地中品尝最健康的真，在艺术的氛围中触碰最纯粹的精神世界。在这样色彩斑斓的艺术世界里，孩子们被自然所引导，进入他们内心的纯真，像精灵般激发出无限的活力。

图 2-3-13

图 2-3-14

三、日本幼儿园环境案例：日本东京富士幼儿园

日本富士幼儿园曾被国际经济合作组织（OECD）评选为世界上最优秀的教育建筑，由Tezuka设计。这样一栋"无终端"，无墙壁，无阻隔的环形建筑，孩子们在天上（房顶）、地下（操场）、室内、室外可以随意蹦跳奔跑，并无"禁区"（图 2-3-15）。这种自由开放的氛围，对于培养幼儿的好奇心、自信心、主动精神、与人交往的能力无疑有巨大促进作用。

图 2-3-15

1. 无墙壁、无阻隔的环形建筑

幼儿园为椭圆形状（图 2-3-16、图 2-3-17），周长 183 米，面积 4791.69 平方米，内有 500 名儿童。设计将其设想为一个独立的村庄，它的内部是一个综合的空间，只通过家具来分区。三棵被保存下来高 25 米大榉树透过屋顶板伸向天空。

二、华德福教育理念下幼儿园环境案例：大溪地七彩学堂幼儿园

大溪地七彩学堂幼儿园让孩子完全置身于天然环境之中，保持生命的纯真与灵动。遵循华德福教育理念，推广、践行华德福教育。与华德福玫瑰园共同实践华德福教育。

这里有750亩的自然户外场所、上万株的植物，还有100余亩的生态湖、20000平方米的马术基地、10000平方米的有机蔬菜种植园以及1000平方米的开心牧场。孩子们能在自然的课堂中自由活动，在天然环境中运动与学习（图2-3-7、图2-3-8）。

图2-3-7

图2-3-8

1. 环境是天然的教育场所

置身七彩学堂，孩子能享受得天独厚的自然环境，感知四季的变化。幼儿园关注每个儿童的个体差异，以一种极富艺术性的方式帮助孩子与这个世界建立深刻的联系，共同打造"家"一样的生命学堂（图2-3-9）。

2. 理念是用艺术世界构建的日常

运用华德福教育理念，七彩学堂实践有规律的生活节奏、重复性的事物学习、崇敬的态度。孩子们会有适当的远足、徒步活动，除了亲密接触大自然外，还有晨圈、讲故事、湿水彩画、捏蜂蜡、看偶戏、做烘培等生活与艺术结合的一日生活作息。追求孩子在意志（身）、情感（心）和思考（意识）三个层面完整、平衡、和谐地成长，能够真实地感受自然，并且感恩自然（图2-3-10）。

图2-3-9

图2-3-10

3. 零添加无污染的有机童年

大溪地七彩幼儿园遵循万物生长法则，拒绝转基因、反季节的食物，不使用农药、化学化肥。现有10000平方米的自种私家菜地、25000亩的"西充有机瓜果蔬菜种植基地"、5000亩的"西双版纳有机热带水果种植园"，以及七彩田野3500平方米的冷链保鲜中心，还孩子一个零添加无污染的有机童年。除此之外，食材基地也是孩子们

教室和实验室之间的连接区域，被设计为充满好奇的生活区和游乐区：走道逐渐扩展，成为游戏和交往空间，孩子在这里停留。透明的空间设计元素，使他们可以看到其他孩子的活动（图 2-3-5、图 2-3-6）。

图 2-3-5　　　　　　　　　　　　　　图 2-3-6

从内部空间可以清楚地阐释建筑外的感官之旅，它集成了现有的树木和周边结构，为孩子、老师和家长的活动创建出一个保护区。

意大利 Guastalla 幼儿园是瑞吉欧教育的环境观的体现，瑞吉欧的教育工作者对幼儿园环境的诠释和实践远远超出我们对环境的界定，他们将环境视为"一个可以支持社会互动、探索与学习的容器"，赋予了环境丰富而深刻的教育内涵，一切方案活动都以环境的创设为基础。"方案教学"是瑞吉欧幼儿教育的灵魂与核心。

瑞吉欧教育认为，环境是教育的一个组成部分，学校没有一处无用的环境，每个学校拥有一个自己的独特环境，因为每个学校的环境都是根据幼儿、家长和教师的需要创设的，都是他们共同研究、共同创造的。主要由以下四部分构成：

广场：点子和想法诞生的地方。每一个教室都通向广场，广场用透明的墙壁将室内和户外连为一体。幼儿在广场可以从事自己想做的事，或为解决某个问题而寻找材料，或与同伴、老师谈话而产生某种想法。

工作坊：双手和心智探索的空间。每一个年龄层的幼儿的教室隔壁都是一间工作坊，工作坊里摆放了各种工具箱和电脑等设备。工作坊是课程整体设计的一个组成部分，是鼓励幼儿用各种"象征语言"表达世界的地方，是激发幼儿创造性的地方，是让家长了解幼儿的地方，是一个充满愉悦和祥和氛围的地方，是教师进行研究的地方。总之，工作坊是瑞吉欧教育机构最富有特色的环境，它全面的功能为幼儿教育带来了生气和活力。

校门口：会"说话"的展示长廊。瑞吉欧的教育工作者把校门口设计成会"说话"的长廊，用每一个精心的布置向来访者、家长传达学校的概况，一目了然，形象生动，无须语言解释和说明。

教室：分隔成的两三个活动空间。为适应开放式学习的需要，每间教室都被隔成两三个活动空间，这样有两个明显的优势：一方面对幼儿来说，在小组中有利于幼儿倾听他人和被倾听，可以让沟通更容易进行，幼儿更有机会表现自己；另一方面对教师来说，教师更有机会设计具有建构性的探索和活动情境。

第三节 幼儿园空间设计经典案例

一、瑞吉欧教育理念下幼儿园环境案例：意大利 Guastalla 幼儿园

"幼儿时期是人生中最具想象力的时期"，好的幼儿园可以为孩子提供多种体验，可以亲近自然，可以学习有趣的知识，可以让孩子自由玩耍，可以鼓励孩子探索未知，激发他们的创造力，可以让每一个孩子都能快乐自由地成长。

Guastalla 幼儿园位于意大利危地马拉区，能容纳 120 名 0~3 岁的儿童。由 Mario Cucinella Architects（MCA）设计建造，其设计目的是激发孩子与周围空间的互动，因此，不管是教学领域的分布、建筑材料的选择还是室内外空间的融合，都体现着设计师对"教育"启发的匠心独运，幼儿园外形酷似一条时光隧道，强烈的空间视觉，满足孩子梦幻般的想象（图 2-3-1）。

高隔热性能透明玻璃的合理分布，雨水收集的先进系统和屋顶嵌入式光伏发电板都使该建筑只需使用最低的机械能耗就能满足学校的能量需求。因而也驱使孩子们发现环境的复杂性和亲切感。在这里，他们可以从每个特别的设施中锻炼自己的能力（图 2-3-2）。

图 2-3-1　　　　　　　　　　图 2-3-2

幼儿园具有浓郁的艺术场景，其建筑元素，如室内形状，空间的组织，材料的选择，以及与光、色彩、声音、触觉相关的感官知觉等，都依据孩子成长所需的教育而设计。室内形状的组织给人以"探索"的感觉，没有用门但是仍然可以将空间巧妙分割开来（图 2-3-3）。

在空间结构设计上，采用了环保的天然材料，尤其是采用木质的支撑结构，因为木制结构在保持建筑的隔热方面既安全又理想。此外，墙壁、地板、家具也全部都是木制的（图 2-3-4）。

图 2-3-3　　　　　　　　　　图 2-3-4

拓展链接

蒙台梭利教育法（Montessori）

现代幼儿教育理念的三大流派是华德福、蒙台梭利和瑞吉欧三种教育方法，也是主流幼儿园很喜欢的教育方法。在此，主要介绍蒙台梭利教育法。

蒙台梭利教育是由意大利心理学家兼教育学家玛丽亚·蒙台梭利提出并发展的教育方法。蒙氏教育法的特色在于强调独立、有限度的自由，对孩子天然的心理、生理及社会性发展的尊重。

蒙台梭利教学法的精髓在于培养幼儿自觉主动的学习和探索精神。在蒙氏教室里，有丰富多彩的教具，它们都是根据儿童成长发展敏感期所创造的适宜儿童成长的"玩具"。蒙台梭利教学内容包括日常生活教育、感官教育、数学教育、语言教育、科学文化教育等。孩子通过自我重复操作蒙氏教具，创新建构完善的人格，在自由操作中得到了多方面的能力训练。

1. 使人成为人

蒙台梭利教育是使人成为人。第一个人是刚刚出生的生物性的人；第二个人是为人，为人就是受过教育，具备了教养、具备了人格的人。这就是蒙台梭利教育的意义，即人格形成才能成为真正的人。

2. 自发性的智能

人之所以有学习的欲望，是受到与生俱来的智能的驱使，也就是孩子内在有一种执著追求知识和发展的冲动。如果这种内在冲动不通过教育去启动，会使幼儿本身存在着的巨大能量迟滞、消磨。

3. 人的创造性

其实，创造性可以说是人类的一种自然性，对人类而言，创造是自然而生的。蒙台梭利认为，手的活动及语言在不断地保持调和，最后才能培养出孩子自己的人格，而人格在成长过程中发挥各种创造能力。

4. 协助孩子自我发展

传统的教育是成人不断地教导儿童怎样去做，儿童就遵命式地去服从。而蒙台梭利教育是让儿童发挥他自身的生命潜能，通过自身的实际活动来发展自己的各个方面，这是教育的真谛。

5. 有准备的环境

蒙台梭利认为环境是有生命的，是成人对儿童的使命清楚了解后所准备的。这个环境包含儿童成长所需的一切事物的积极意义，同时也要将所有不利于儿童成长的事物加以排除。

2.Chelsea Kindergarten——环境传递文化及价值观

新西兰非常重视当地的毛利文化，所以许多幼儿园都会有类似的图腾装饰出现。这是一个开放、原生态的富有挑战的环境，环境中融入了新西兰必不可少的毛利文化元素，同时也结合了新西兰许多移民的情况，构建了文化分享角，每个小朋友都从家里带来和他们文化最为相关的东西，并相互交流分享。

毛利文化中的屋子、图腾被精心布置在环境当中，引发小朋友对当地环境的兴趣（图2-2-30）。

世界是多元化的，孩子们可以分享自己国籍的一些物品，除了可以帮助自己获得文化认同感外，还能够让其他孩子了解世界文化（图2-2-31）。

尊重、包容、接纳，是Chelsea幼儿园所强调的非常重要的价值观，每个小朋友的名字都被布置在有当地特色的编织袋子上，家长如果有一些纸质的资料也可以投放在这个袋子之中。班级里面的每个小朋友都有属于自己的立牌，连小朋友们的宠物也有属于自己的立牌（图2-2-32）。

图2-2-30　　　　　　　图2-2-31　　　　　　　图2-2-32

3.Parnell Kindergarten——回归自然、生态、和谐

幼儿园大门外有一大片灌木丛，Parnell Kindergarten就是一个和自然环境紧紧联系在一起的幼儿园，因此灌木林也是幼儿园资源的一部分。孩子们可以尽情地探索自然，回归生态。园中也为孩子们提供了沙、水这样的自然物，让儿童自由玩耍、探索（图2-2-33~图2-2-35）。

图2-2-33　　　　　　　图2-2-34　　　　　　　图2-2-35

虽然每个幼儿园的特色各不相同，但是所有幼儿园都能够体现师幼之间尊重平等的精神环境以及过程中对儿童的观察、聆听和记录。

练习与实训

1. 幼儿园室内区域环境包括哪些？
2. 幼儿园的走廊布置可以怎样进行？
3. 幼儿园活动室有哪几种类型？设置时分别要符合什么要求？

图 2-3-16　　　　　　　　　　图 2-3-17

2. 百年老树陪伴孩子成长

这个幼儿园可以说是世上最有爱的幼儿园了！因为是围绕着一棵百年树龄的榆树建造而成，堪称全球唯一（图 2-3-18、图 2-3-19）。

图 2-3-18　　　　　　　　　　图 2-3-19

3. 没有墙壁的教室更有利于孩子的交往

没有墙壁，孩子不是很容易跑到别的教室里面去吗？"那并不是一个问题！小孩子突然发现自己处身于一个新环境，他们会很自然地学会如何与新的人、新的环境交流、沟通、相处。何况孩子们在哪里不能学习呢？每一间教室，都是一个学习的天地（图2-3-20、图 2-3-21）。"

图 2-3-20　　　　　　　　　　图 2-3-21

4. 楼上的天然看台

孩子们伸出小手，甚至伸出小腿，但他们的小脑袋却过不了这道"坎"。于是他们可以安心地顺着围栏坐下，悠然自得地让腿脚吊在屋檐外，给操场上表演的小朋友鼓掌助兴（图 2-3-22）。

5. 滑梯从屋顶直达操场

一道长长的滑梯，可以让小朋友从屋顶一直滑到楼下的操场，对于 4-5 岁的孩子来说，这可是"勇敢者的游戏"呢（图 2-3-23）。

图 2-3-22　　　　　　　图 2-3-23

6. 露天游戏场

这个屋顶同时也是一个露天游戏场，孩子们可以在这里跳绳、丢手绢、玩"老鹰抓小鸡"，且内侧屋顶高度仅为 2.1 米，老师站在院子里就可以看到屋顶孩子的一举一动（图 2-3-24~图 2-3-26）。

图 2-3-24　　　　　　　图 2-3-25　　　　　　　图 2-3-26

7. "规定孩子玩法"远没有"孩子发明玩法"让孩子兴奋

幼儿园的房顶上并没有任何游戏设施，但这并不会减少孩子们在房顶上的乐趣：他们用粉笔画树影、从天窗看教室、眺望远处的城市……原来外面的世界那么宽广（图 2-3-27~图 2-3-29）。

图 2-3-27　　　　　　　图 2-3-28　　　　　　　图 2-3-29

 实景再现

图 2-3-30　　　　　　　图 2-3-31　　　　　　　图 2-3-32

图 2-3-33

图 2-3-34

图 2-3-35

图 2-3-36

图 2-3-37

练习与实训

1. 幼儿园环境怎样体现与儿童平等尊重的关系？
2. 幼儿园环境怎样让孩子们找到文化的归属？
3. 幼儿园环境怎样让孩子们回归自然，有更多与低结构材料互动、创造、想象的空间？

拓展链接

1. 瑞吉欧教育理念

瑞吉欧教育法是一套以尊重、责任和社会性原则为基础，通过自我指导来实施的教育方案。该方法的最大特色是课程来自儿童的生活，课程与教学必须能够激发儿童的兴趣，激发儿童的创造性思维，并获得解决问题的知识与技能。并且该方法摈弃以儿童为中心、忽略教师作用的放任式教育。

瑞吉欧·艾米莉亚是意大利的一个城市，自20世纪60年代以来，洛利斯·马拉古兹倡导当地幼教工作者一起兴办并发展了学前教育，形成了一套独特的、革新的哲学和课程假设、学校组织方法以及环境设计原理，人们称之为"瑞吉欧"教育体系。

提起瑞吉欧，在人们的脑海中总会勾画出这样一幅图景：活泼、可爱、健康、自由探索的孩子，认真、尽职、协作工作的教师，优美、独特的空间环境及家长、社区参与的学校管理。40多年来，瑞吉欧人在教师、家长、市民的共同努力下，为幼儿创建了一个能充分发挥其巨大潜能，能感受到自身存在价值，能积极主动参与的创造性学习环境。环境是教育的一个组成部分，环境应该具有教育内涵。在这个环境中，幼儿们幸福地生活、工作和游戏着；在这个环境中，教师充分地尊重幼儿的人格，充分地包容幼儿各种非同寻常的"奇思怪想"；在这个环境中，教师扮演着各种支持性与引导性的角色——伙伴、向导与研究者；在这个环境中，幼儿主动地参与各种主题的探索活动，充分地感受到了自己探索的乐趣，也从教师、家长、市民的眼中学会了肯定自我；在这个环境中，幼儿大胆地想像，运用各种各样的材料，以多样化的方式，尤其是视觉语言的方式表达自己对世界的独特认识，从而形成了孩子们的一百种语言。的确，瑞吉欧为世人创造了一个与众不同的教育构架，为世界的幼儿教育提供了一个优秀典范。

2. 华德福教育理念

华德福教育是一种人性化的教育方法，是主流幼儿园（Mainstream Centre）很喜欢采用的教育方法之一，它基于创立人奥地利哲学家鲁道夫·史代纳的一种教育哲学理念。首要目标是给孩子提供其发展自由精神、道德责任和具备高级社交能力的个人综合素质所需要的基础。

华德福教育简单地说是一种以人为本，注重身体和心灵整体健康和谐发展的全人教育，体系主张按照人的意识发展规律，针对意识的成长阶段来设置教学内容，以便于人的身体、生命体、灵魂体和精神体都得到恰如其分的发展。

鲁道夫·史代纳于1919年在德国创立第一所华德福学校，历经90多年的发展，如今华德福教育已成为世界上规模最大、发展最快、非宗教的独立教育运动，华德福学校遍布各大洲不同文化背景和社会价值观的国家。课程设置是根据儿童不同阶段的意识发展，针对意志、感觉和思考，对儿童的身、心、灵、精神进行整体平衡教育，并结合儿童与生俱来的智慧和独特的个性本质，进行深层意识教育，协助儿童的智慧生成。

2004年的夏天，由从美国回来的黄晓星、张俐和英国回来的李泽武等人发起，十几位包括大学生、学者、工人和商人（其中包括外籍人士）等共同参与，在成都建立了国内第一所华德福幼儿园和学校。

每一所华德福幼儿园都有一个有机农园，由于条件差异，农园的大小也各有不同。有的农园小的只限种些花、菜、少量的灌木，养些鸡、兔之类的小动物；有的占地面积较大，还可种些谷物，养蜂，或养些羊、牛、马、驴等较大的动物；有的甚至还拥有一片森林或一个附属农场。

在学校农园里，学生在园艺老师的带领下亲耕亲作，体验人类在地球上最基本的生产活动，农园是学生学习植物、动物、季节、气候、环境与生态的绝佳场所。

华德福学校的课程设置以儿童发展的内在秩序、方向和智慧为依据。在学校教育的早期，儿童通过各种活动进行手、心、脑整体参与的学习，学术学习不被提倡。华德福幼儿园尽管有大量的技能培养，但没有学术内容。

华德福教育认为每个孩子的个性正在形成，并且以非常独特的方式成长，他们是发展的、逐渐成熟的人，充满潜能和希望，拥有天生各不相同的能力和技能。华德福倡导和培养灵活的思考、艺术的活动、实践的能力，以及对人类心灵的呵护和理解。

在华德福学校，传统教育中那些关于一个优秀学生的标准不再有效，如知识的掌握程度、应试能力（分数）、对纪律与规范的服从等。华德福建立的是另一套评价体系，以人的成长为中心，任何相对于个体自身的细微进步，都会受到鼓励。

模块三
幼儿园环境设计要素与制作形式

【本模块概要】

本模块主要介绍幼儿园环境创设中重要的设计要素，主要涵盖构思、色彩、材料及制作形式。详细介绍幼儿园环境设计中如何搜集素材、寻找灵感进行创意构思，以及幼儿园色彩和材料的运用，重点阐述幼儿园环境创设中常用的制作形式和制作要点。

【本模块学习目标】

1. 了解并掌握幼儿园环境创设中如何运用各种资源进行构思创意。
2. 掌握幼儿园环境创设中色彩的运用规律。
3. 了解幼儿园环境创设中各类材料的使用。
4. 了解和掌握幼儿园环境制作中常用的制作形式。

第一节 构思创意

幼儿园环境设计与装饰过程属于艺术创意活动，与个体审美、形象思维、个人情感喜好等因素息息相关。为幼儿打造舒适温馨而又适合学习生活的幼儿园环境，除了要具有较高的审美意识和扎实的绘画制作能力，还需要设计者在创作构思阶段细心观察生活，搜集和挖掘创意素材，善于运用想象，迸发创作灵感。

一、从生活中发现细节进行创意构思

艺术创作的灵感通常都来源于生活，生活丰富了艺术创造。用眼去观察，用头脑去思考，用心去感受和记录生活中的点点滴滴，可以帮助我们获取创作的灵感，并转化为有意识的艺术创意活动。在幼儿园中自制打击乐器的灵感就是来源于生活中的厨房，美妙的律动不一定出自打击乐，可能是由厨房中锅碗瓢盆或是瓶瓶罐罐等各种生活用品敲击出来的（图3-1-1、图3-1-2）。

图3-1-1 自制打击乐器　　　　图3-1-2 雨鞋盆栽

二、从自然界挖掘特色进行创意构思

大自然是神奇而神秘的，世间万物皆是亿万年演化的结果，蕴藏着天地之精华。无穷无尽的自然之美为我们提供了丰富的素材和取之不尽的设计灵感。自然界中的万物具有千变万化的形态、五彩斑斓的色彩、错综复杂的结构和肌理。在崇尚回归自然的潮流中，可以将自然的智慧融入创作中，将环境中的造型、色彩、材料与自然紧密结合在一起。构思时从自然元素中挖掘和提取特色部分，如动物的皮毛与斑纹、树叶的纹理、贝壳的螺旋构造等，对自然形象进行想象分析、提炼夸张，获得启发和灵感，融入主观情感进行再创作，不仅美化了幼儿园环境，还能促使幼儿重新审视自然界中的美与智慧（图3-1-3、图3-1-4）。

图3-1-3 自然元素的运用　　　　图3-1-4 动物皮毛元素的运用

三、从世界名画中获取灵感进行创意构思

世界名画是一座巨大的艺术瑰宝库，艺术大师们的作品风格迥异，各具特色和艺

术魅力。向艺术大师们学习，从大师作品中捕捉艺术创作灵感，不失为进行创意构思的一种有效方法和途径。在学习借鉴的过程中，要适当选择适合幼儿赏析的作品，如梵高、马蒂斯、毕加索、米罗、高迪等大师们的作品，他们在追求艺术的过程中都有向儿童绘画学习的经历。对于艺术作品的品鉴，每个人的感受都不一样，用一颗童真的心去品读，更容易读懂。如毕加索的抽象风格，幼儿学习其高度概括的创作手法，运用夸张的线条、浓郁的色彩，锻炼幼儿的夸张、想象能力，塑造一个充满童趣的奇异世界。从小接触欣赏世界名画，幼儿可以通过探索艺术大师们的作品来获得创造的灵感，对幼儿的思维探索、思维想象及表达、审美的提升都有很大益处。教师可通过欣赏和分析大师们的作品，感受各家的风格和特点，进行概括、归纳、升华，加入幼儿主观想象与表现，结合不同材料，以绘画或手工制作的形式再现，也可以运用到幼儿园壁面环境的装饰中，使幼儿园艺术氛围浓厚（图3-1-5、图3-1-6）。

图3-1-5　名画借鉴（1）　　　图3-1-6　名画借鉴（2）

四、从传统文化艺术中汲取精髓进行创意构思

传统文化艺术博大精深，丰富多彩，具有深厚的文化积累和文化底蕴。中国传统艺术具有鲜明的民族风格和多样的艺术形式，丰富的艺术内涵受到人们的喜爱和欣赏。国画、书法、戏曲、舞蹈、建筑、雕塑、工艺美术等艺术领域有着伟大的创造，在东方乃至世界艺术中具有重要的地位和影响。特别是民间美术中的剪纸、皮影、泥塑、面具等，以其浓郁的乡土气息、夸张的艺术形象、淳朴的艺术趣味在当代大放异彩，散发着无穷的艺术魅力。对传统文化艺术的保护和传承，是我们应该承担的责任。将传统文化艺术与幼儿园环境相融合，汲取其艺术精髓，用儿童的视角去欣赏和发现传统艺术中的美，用新材料、新工艺、新技法、新思路去展现古老艺术的内涵魅力，赋予传统文化艺术新的表达方式，对传统艺术的传承与发扬具有重大意义（图3-1-7、图3-1-8）。

图3-1-7　东方茶艺　　　图3-1-8　扎染艺术

五、从儿童书籍绘本中捕捉创意构思

现代儿童书籍、绘本资源相当丰富，图书制作精良，情节生动，图文并茂，深受

儿童的喜爱。故事书中的插画对儿童阅读起到举足轻重的作用，构思新颖，形象生动有趣，色彩亮丽和谐，特别是绘本中的插画，多数由各国知名插画家为孩子们创作，展示着不同艺术家的风格及艺术追求。绘本用笔精致，画面造型颇具特色，构图配色高明，无形中让孩子感受美学，提升审美。绘本故事跨越各种文化背景，通过读图，儿童获取更多的感知，也刺激了丰富的想象力和创造力。从书籍绘本中获取富有新意、个性化的形象和色彩，以及文字的编排与设计，可为幼儿园环境设计带来与众不同的创意构思（图3-1-9、图3-1-10）。

图3-1-9　童话故事墙饰　　　　图3-1-10　绘本插画

六、从网络传媒资源中捕捉创意构思

网络和数字传媒是时代发展的趋势，网络媒体资源丰厚，获取便捷，人们越来越习惯于通过电脑、手机、数字电视、数字杂志等数字媒体获得大量的信息。一些具有较强创造力、形式感和视觉美感的优秀作品在网络平台上得以传播和交流，具有一定的借鉴价值。通过网络影像资源，孩子们接触到各种题材风格的动画作品，认识了小猪佩奇、小马宝莉、功夫熊猫、托马斯小火车等一系列卡通形象，某些典型角色已成为孩子心目中的好伙伴。通过对卡通艺术形象的提炼，结合幼儿园环境的具体特点，将其合理运用到幼儿活动区域，渗透相关教育主题，既能引起幼儿的关注和兴趣，又能达到较好的教育作用。值得注意的是，网络作品水平参差不齐，选择借鉴的作品时要小心谨慎，择优而用（图3-1-11、图3-1-12）。

图3-1-11　卡通元素的运用（1）　　　图3-1-12　卡通元素的运用（2）

 实景再现

图3-1-13　　　　　　　图3-1-14　　　　　　　图3-1-15

图 3-1-16

图 3-1-17

图 3-1-18

案例分析

1. 多变的花盆

在幼儿园室外景观、种植区、植物角等处，幼儿会发现花盆变漂亮了，仔细一看，原来都是常见的日常用品改造的，如汽车的轮胎、妈妈的背包、洗衣液瓶、饮料瓶等。奇妙的创意构思来源于生活，将生活中的废弃用品巧妙再利用，变废为宝，创造出趣味横生的花盆造型（图 3-1-19~ 图 3-1-21）。

图 3-1-19

图 3-1-20

图 3-1-21

2. 管道的创意

幼儿园中经常会有裸露在外的金属或塑料管道，有时管道所在的位置会影响视觉上的美观。可以根据管道的造型、长短和粗细进行合理联想，巧妙地将其与某些形象的特征完美结合，绘制出卡通形象，使管道成为形象中身体的某个部分。改造后造型生动有趣，与周围环境相协调，又体现出非凡的创意（图 3-1-22~ 图 3-1-24）。

图 3-1-22

图 3-1-23

图 3-1-24

练习与实训

1. 细心观察自然界和生活中的点滴，开拓视野，捕捉创作灵感，用眼睛和图像记录下来，建立资料库。

2. 关注和了解适宜儿童欣赏的世界艺术大师的代表作品，分析其艺术风格和特色。

3. 选取自己较感兴趣的中外传统文化艺术形式，搜集文字和图片资料。

拓展链接

1. 安东尼奥·高迪

被誉为"上帝的建筑师"的西班牙天才大师安东尼奥·高迪，一生留下无数知名建筑，不禁让人感慨"没有哪座城市会像巴塞罗那，因一个人而变得熠熠生辉"。

高迪建筑风格属于现代主义建筑，大量融合了东方风格、现代主义、自然主义等许多形态各异的元素，使他的建筑独树一帜。在他的作品中，几乎看不到直线和直角，都是大量运用曲线。此外，他善于运用色彩缤纷的瓷砖及瓷砖碎片，在古埃尔公园的墙面、地面，甚至座椅长凳上，都嵌满了瓷砖，给观者留下巨大的视觉冲击和无限的想象空间。高迪一生设计过很多作品，主要有古埃尔公园、米拉公寓、巴特罗公寓、圣家族教堂等。

高迪建筑风格大胆、浪漫、狂野，但其中又不乏细腻。就好像是一副美轮美奂的印象派画作，身处其中，你能感受到其作品给你带来的冲击，像是置身于童话世界中一般（图3-1-25~图3-1-27）。

图3-1-25　　　　　图3-1-26　　　　　图3-1-27

2. 京剧脸谱艺术

京剧脸谱，是中华民族戏剧特有的面部化妆造型艺术。由于每个历史人物或某一种类型的人物都有一种大概的谱式，就像唱歌、奏乐都要按照乐谱一样，所以称为"脸谱"。京剧脸谱艺术已被大家公认为是中华民族传统文化的标识。

京剧脸谱以"象征性"和"夸张性"著称。它通过运用夸张和变形的图形来展示角色的性格特征。眼睛、额头和两颊通常被画成蝙蝠、蝴蝶或燕子的翅膀状，再加上夸张的嘴和鼻子，制造出所需的脸部效果。京剧脸谱色彩十分讲究，根据人物的性格、性情采用不同的色彩。红色脸谱表示忠勇侠义，如关羽、姜维；黑色脸谱表示正直、勇猛，甚至鲁莽，如包拯、张飞等；蓝色或绿色脸谱表示刚强、骁勇、暴躁，如窦尔敦、程咬金等；黄色脸谱表示凶残、阴险，如宇文成、晁盖；白色脸谱一般表示奸臣、坏人，如曹操、秦桧等（图3-1-28、图3-1-29）。

图3-1-28　　　　　图3-1-29

第二节 色彩运用

幼儿的学习生活环境离不开色彩，幼儿园的色彩设计是整个环境创设的重要组成部分，也是色彩学在环境中的具体应用。幼儿园教师要深入了解色彩的心理效应，合理使用色彩，利用色彩固有的视觉效果改善和加强幼儿园环境的整体性，有效地发挥色彩在不同幼儿园空间环境中的功能和特性。

一、色彩的心理与情感

色彩作为视觉传达的重要因素，时常影响我们的情绪和行为。色彩的生理反应和心理效应几乎同时发生，它们既相互联系，又相互制约。实验表明，当人处在红色和蓝色两种不同环境中，红色环境中的人生理上脉搏加快，血压升高，情绪上则表现为兴奋、冲动，长时间受到红色视觉刺激，会使人烦躁不安；而蓝色环境中的人情绪稳定、放松。由此可见，色彩会对人的生理和情绪产生不同影响，在人的心理上引起某种情感。

在多彩的世界中，人们积累了许多视觉经验，色彩的刺激会产生某种情感。色彩的情感包括色彩的冷暖感、轻重感、软硬感、明暗感、兴奋沉静感、活泼忧郁感、华丽朴素感。幼儿园教师要学会正确运用色彩的情感变化，使环境中色彩运用得更加合理，达到最佳的配色效果（图 3-2-1、图 3-2-2）。

图 3-2-1　十二色相环　　　　图 3-2-2　二十四色相环

1.色彩的冷暖感

色相要素对于人的冷暖认知较为强烈，红、橙、橙黄，产生温暖感，为暖色系；蓝绿、蓝及蓝紫有寒冷感，为冷色系。柠檬黄、赤紫为中性暖色；黄绿、紫为中性色；绿、青紫为中性冷色。同色系中的颜色也有冷暖差异，红色系中玫红偏冷，朱红、橙红偏暖；黄色系中柠檬黄偏冷，中黄偏暖；绿色系中翠绿偏冷，黄绿偏暖；紫色系中蓝味紫偏冷，而红味紫偏暖。无彩色系中，黑色为暖色，白色为冷色，灰色为中性色（图 3-2-3、图 3-2-4）。

图 3-2-3　冷色　　　　图 3-2-4　暖色

当色彩的明度、彩度发生变化时，色彩的冷暖也随之变化。明度越高则越冷，越暗则越温暖。高纯度色彩配置会拉远冷暖感觉的距离，使暖的更温暖，冷的更冰冷。而随着彩度的降低，不分暖色或冷色均向中性接近。

色彩设计时，暖色的刺激作用较大，长时间的暖色刺激会引起视觉疲劳、烦躁不安、身体不适；冷色对人的视觉刺激较小，会让人感到舒适、平和、安静。

2.色彩的明暗感

色彩的明暗感与明度有关。除了同色系颜色存在明暗差异，不同色系色彩间也存在差异。让人感到明亮的颜色有白、黄、橙、黄绿等色，有轻快、明朗之感，有女性化特征；中明度的有红、绿、蓝等色，有随和、保守之感；色彩偏暗的有蓝、蓝绿、紫、黑等色，有厚重、硬朗、安定之感，有男性化特征。

3.色彩的轻重感

色彩的轻重感来自于人们对物体色彩与日常视觉经验的认知，如白云、白雪是轻飘的，黑煤、黑夜是沉重的。决定色彩轻重感最主要的是明度要素，无论是无彩色还是有彩色，是冷色系还是暖色系的色彩，一般人的感受是高明度的轻，低明度的重。其次是彩度要素，在同色相、同明度条件下，彩度高的感觉轻，彩度低的感觉重。如要表现明快、清爽的色彩效果时，多以白底或浅色底为主进行色彩设计（图3-2-5、图3-2-6）。

图 3-2-5　轻色　　　　　　图 3-2-6　重色

4.色彩的软硬感

色彩的软硬感与明度和彩度有关，视觉特性为软的和轻的、硬的和重的构成相对的感受，软色感觉轻，硬色感觉重。亮色中彩度低的粉调，如粉红、粉黄、粉蓝、粉绿，让人感觉柔软、细腻；暗色中高彩度的色彩，给人感觉是坚硬的。在无彩色中，白色、黑色是硬色，灰色是软色。在幼儿园公共环境中，为了达到温馨舒适的视觉感，通常会考虑运用软色（图3-2-7、图3-2-8）。

图 3-2-7　软色　　　　　　图 3-2-8　硬色

5.色彩的兴奋沉静感

人受色彩刺激后会引起不同的情绪反应，能使人产生鼓舞的色彩为积极性的兴奋色；反之，令人消沉或伤感的色彩为消极性的沉静色。这一感觉的判断和产生直接与色彩冷暖有关，红、橙、黄等暖色给人以热烈、兴奋感，视觉上的强烈刺激会起到提神醒目的效果。蓝、蓝绿等冷色给人以安静、平和感，在卧室中合理使用蓝色、绿色，能使人身体和心理上得到放松，起到催眠的作用。建议卧室以浅蓝为主，搭配白色和米色，有助于消除紧张情绪，快速入睡（图3-2-9、图3-2-10）。

图3-2-9　兴奋色　　　　图3-2-10　沉静色

6.色彩的活泼忧郁感

色彩的活泼感与忧郁感是以明度的高低为主，伴随着彩度的高低、色相的冷暖产生的感觉。在温暖、明亮的环境中会让人心情愉悦，充满轻松活泼的气氛；而在阴暗寒凉的环境中则让人感到冷淡压抑，充满苦闷忧郁的气氛。鲜艳、明亮的红、橙、黄等暖色会产生积极的活泼、欢快效果，暗浊的蓝、蓝紫、紫等冷色会产生消极的悲伤、忧郁、冷漠效果。无彩色中，低明度最为消极。这种色彩情感作用在日常生活中为人们所关注，为了调节人们的情绪和心情，在环境设计中备受重视（图3-2-11、图3-2-12）。

图3-2-11　活泼色　　　　图3-2-12　忧郁色

7.色彩的注目性

在生活中，为了追求特定的色彩效果，色彩运用是否能够吸引人的目光和关注很是关键。研究表明，具有整体关系、美感度高的色彩注目度高；鲜艳且具有丰富变化的色彩注目性强，能满足人的好奇心，适合儿童的需要；反差大的明度高的亮色注目性强；相同色彩中出现特异的色彩容易引人注目。

色彩的情感还存在个体差异，人们对色彩的认知和好恶与年龄、性别、兴趣有关，也与地域、民族习惯有关，色彩设计时要经常进行调研，掌握准确的色彩资讯是非常重要的。

二、色彩学中的配色技巧

1. 色相配色

（1）同种色的配色。同一色相通过不同的明度、纯度变化来搭配色彩间的关系，色感不明显，是最弱的色相对比。这种色彩配置有和谐、雅致、明快的感觉，但略显单调、呆板、缺乏刺激。

（2）类似色的配色。在色相环中相隔不超过90°的配色，如黄绿、绿色、蓝绿组成，色相差较小，色彩整体效果好，既统一又有变化，色彩丰满而活泼，是一种理想的配色方法。

（3）对比色的配色。在色相环中相隔不超过120°的配色，是色相差较大的配色，如橙与绿、黄与蓝等。这种色彩配置鲜明、强烈，能够产生活泼、兴奋、动感的效果。使用不当会有烦躁不安之感。此种色彩配置当色相纯度较高时，不宜等面积使用，可调整色彩面积大小，提高或降低对比色的明度和纯度都能产生调和的效果。

（4）互补色的配色。在色相环中成180°的色相配置，如红和绿、蓝与橙、黄与紫，是最强烈的色相配置。此种色彩配置会产生生动、活跃、刺激的色彩效果，使用不当会产生视觉疲劳。配色时可调整补色的面积大小，或加入黑、白、灰无彩色系颜色，或调整补色的明度和纯度，都可以使对比大大减弱，使装饰色彩整体协调起来（图3-2-13、图3-2-14）。

图3-2-13　色相配色（1）　　　　图3-2-14　色相配色（2）

2. 明度配色

（1）高明度的配色。不同色相入白色后成为高明度色彩，也因含有白色而大大缓和了对比效果。高明度的配色显现出清新、透明、高雅的色彩效果，必须注意各色相之间的明度反差，穿插中、低明度的色彩，否则会模糊、混沌（图3-2-15）。

（2）中明度的配色。明度差小，对比柔和，具有稳定、雅致的效果。如果在色相或纯度上加以变化，可以增加对比明快的感觉。此外，中明度色彩还可与高明度及低明度色彩互相交叉使用，产生饱满、丰富的色彩效果（图3-2-16）。

（3）低明度的配色。低明度色彩含有黑色（灰度），色彩变浊、变暗，色相对比变弱，具有沉稳、朴素的意味。低明度的配色，很容易得到调和的效果，它通过整体微妙的色调来表现深沉、厚重的感觉，但要注意色彩的明度差，否则会有沉闷、压抑之感（图3-2-17）。

图 3-2-15　高明度配色　　　　图 3-2-16　中明度配色　　　　图 3-2-17　低明度配色

3. 纯度配色

纯度是色彩决定配色是否调和的重要因素，也是决定"强烈""柔和""朴素""鲜艳"等意象感觉的因素之一。高纯度的配色给人鲜艳、强烈的感觉；低纯度的配色给人朴素、柔和的感觉。配色时适当调整纯度差异，使色彩既明朗又细腻（图3-2-18、图3-2-19）。

图 3-2-18　高纯度配色　　　　图 3-2-19　低纯度配色

4. 冷暖配色

暖色有前进感和扩张感，冷色有后退感和收缩感。以暖色系为主的配色给人以温暖的感觉，也有很强的刺激性，如果色相接近，可以变化其明度，达到对比调和的效果。以冷色系为主的配色具有安全、沉静的效果，如果色相接近也可采用变化明度的方法达到调和的效果（图3-2-20、图3-2-21）。

图 3-2-20　冷配色　　　　图 3-2-21　暖色配色

冷色与暖色碰撞对比能产生美妙、生动、活泼的色彩效果。冷暖色系配色最好是在冷色系中配以少量暖色，或暖色系中配以少量冷色，既不破坏原有的色调，又能打破色彩单调的感觉。

三、色彩与儿童心理

幼儿园环境创设时，如何设计色彩？首先要了解儿童对色彩的认知和喜好。根据心理学研究，通过儿童的绘画可以了解孩子的心理，利用画面中色彩的运用，可以判断儿童的性格，分析儿童的心理状态。

研究表明，儿童大多数喜欢鲜亮明快的颜色，幼儿阶段一般偏好红色、橙色和黄色等暖色，再大些的孩子喜欢红色和绿色。由此可见，儿童普遍喜欢红色、绿色、青色、橙色和黄色，黑色普遍不受欢迎。随着年龄的增长，对颜色的喜好会有所变化。儿童的创造力非常丰富，感性思维活跃，总是自由地发挥想象力，运用丰富的色彩描绘自己内心的世界。孩子的画笔下经常会出现红的山和绿的海，他们会运用明快的颜色自由表达自己的心情。如果孩子的画面过度喜好黑色或灰色，将人物的肤色涂成黑色或紫色，说明孩子的心理和身体方面可能出现问题。

四、幼儿园色彩运用中的设计要点

幼儿园环境中色彩的设计与其他环境的色彩有很大区别，要符合儿童的年龄特点和心理特征，也要满足儿童的审美和兴趣。幼儿园环境的色彩选择应有利于儿童的身心健康，有利于儿童智力的发展，让孩子在接触和感受美的环境中，喜欢欣赏美，乐于发现美，激发其对美的渴望。

第一，根据地域和季节的不同，合理调整幼儿园环境中色彩冷暖的变化。气候寒冷的北方，要适当多使用些暖色，使室内感觉温暖；炙热高温的南方，室内多使用冷色调，可以从色彩视觉上进行调节，使人感受到一丝凉意。此外，幼儿园室内环境冬季多运用暖色，夏季多运用冷色。

第二，根据教室采光的不同，合理调整幼儿园环境中色彩明暗的变化。由于幼儿园所处位置和办园条件存在差异，日照特别充足的教室光线刺眼，对幼儿的视力造成强烈刺激，除了配备窗帘外，可以适当降低教室内墙面、家具及装饰物的色彩明度，缓和视觉疲劳。反之，缺乏日照光线、阴暗的教室要适当提高色彩明度。

第三，幼儿园色彩设计要有整体性，根据幼儿园的办园特色，恰当地确定色彩倾向，即环境的大色调。幼儿园要有属于自己的标准色，注意标准色的协调关系，一般有2~3种主色，有时配以辅助色。幼儿园建筑外观和室内公共空间色彩不宜过于花哨，要由标准色进行把控。如幼儿园建筑外部特征较为复杂，其外观色彩要力求单纯，反之可用色彩的变化取得平中求奇的视觉效果。

第四，幼儿园公共空间，如大厅、走廊、楼梯等，以及公共活动室、教室、卧室、洗漱间，墙面、天花板、地面等处宜使用明度偏高、纯度偏低的轻快、柔软色调，色彩不宜鲜艳丰富、低沉压抑，可让幼儿情绪得以舒展，体会到幼儿园中如家般的温馨、舒适感（图3-2-22、图3-2-23）。

（1）纸材料具有多样性，纸张种类繁多，在颜色、质地、肌理、重量、厚度上有较大的选择性。

（2）取材容易，便于加工与制作。既可以有平面的视觉，又可以完成立体空间的表达。

（3）纸材料具有柔软性，可制作成曲面、曲线等弯曲有弧度的形态，也可以成直线、直面等形态。

（4）纸材料具有单纯性，表面肌理质感单一，视觉统一。

（5）纸材料容易损坏，不宜保存，使用周期较短。

2. 布材料和线绳材料

幼儿园中布材料和线绳材料使用也较为广泛。布材料种类繁多，厚薄质感不一，有棉布、麻布、毛呢布、真丝布、化纤布、天鹅绒等传统布料，还有无纺布、不织布、毛巾、珊瑚绒、玻璃纱、珠光纱等新型布料。线绳材料有彩色纸绳、棉绳、麻绳、毛线、丝线、编织线、丝带等。

布材料和线绳材料的优点是成本低廉、使用方面、便于加工成型、制作灵活方便、工艺表现手法丰富等。布材料具备柔软舒适、轻便透气、容易清洗、环保安全、长久耐用、便于收纳保管等特点。线绳材料粗细不同，材质多样，可通过编织、打结、缠绕、缝扎等方法表现不同色彩感、肌理感和质感。常用于幼儿园玩教具制作、美工活动、区角装饰等方面（图3-3-6~图3-3-8）。

图3-3-6 布材料作品（1）　　图3-3-7 布材料作品（2）　图3-3-8 线绳材料作品

3. 泥材料

泥材料是幼儿成长阶段接触到的常用材料，对幼儿立体形态意识形成起到重要作用。幼儿泥塑活动是游戏化课程和装点环境中必不可少的。幼儿在玩泥的过程中充分贴近自然，释放爱玩的天性和无穷的创造力，泥材料种类多样，有自然材料属性的陶泥、粘土，也有人造材料属性的超轻粘土、彩陶泥、橡皮泥、珍珠泥等。

泥材料绿色环保，安全无毒，使用方便。具有较强的可塑性，既可制作平面装饰，也可制作立体泥塑。超轻粘土、彩陶泥等泥材料手感细腻，色彩绚丽丰富，色彩能混合调配，常用于玩教具的制作、美工活动等方面（图3-3-9~图3-3-11）。

图3-3-9 泥材料作品（1）　　图3-3-10 泥材料作品（2）　　图3-3-11 泥材料作品（3）

4. 木材料和竹材料

木材料和竹材料是绿色环保材料，具有不可替代的天然性，和谐自然之感有益于幼儿的身体健康。可用材料有各种木质板（原木板、合成木板、密度板、刨花板、松木板、防火板等）、木条、藤条、树桩、树枝、树皮、圆木块、刨花、木屑、竹竿等，以及各种木质制品、竹质制品，如筷子、竹签、牙签、雪糕棒、竹席、麻将席、竹材料编织物（竹筐、竹篮等）、藤条球等。

木材料和竹材料质地较硬，手感光滑，呈现不同的自然纹理与色彩，满足人们在视觉效果和触觉质感上的需要。木材、竹材具有良好的隔热、吸声、吸湿和绝缘性能，具有一定的弹性，可以缓和冲击力，提高人们居住和行走的安全性。木材、竹材具有良好的加工性，可以方便地进行锯、刨等加工和贴、涂、画、烙等装饰加工，但在加工处理上有难度，需要专业设备。在幼儿园室内外环境中，用木材、竹材装点环境，其独特的质地与构造，以及纹理和色泽能给孩子带来回归自然的感觉，具有质朴清新、自然舒适的风格特点。幼儿也可以在木工制作中，通过锯木、打磨、划线、装配、涂色等制作，将自己的想象力转化为艺术成果，从成果中获取自信与满足（图3-3-12~图3-3-14）。

图 3-3-12　木材料作品　　图 3-3-13　竹材料作品（1）　图 3-3-14　竹材料作品（2）

5. 塑料材料

塑料是具有可塑性的高分子材料的通称。常用的塑料材质有塑料板、空心板、塑料网、塑料网纱、塑料绳、塑料管、PVC管等，以及生活中的塑料制品，如塑料杯碗、塑料瓶、纽扣、彩珠、瓶盖、吸管、光盘、泡沫球、包装网袋等。

塑料质轻，表面光滑、耐磨、耐酸、耐腐蚀，不导电、不导热，是优良的绝缘材料和隔热材料，是耐用材料。塑料有透明的和彩色的，厚度不同，可储水、储物。缺点是不宜切割和塑形，表面硬度低，易有划痕。多用于玩教具的制作和活动区美工材料（图3-3-15、图3-3-16）。

图 3-3-15　塑料材料作品（1）　　图 3-3-16　塑料材料作品（2）

6. 金属材料

金属材料光泽度高，质地坚硬，不易变形，在作品中会形成形象硬朗、别具个性的艺术效果。常用的金属材料有铝箔、铜皮、铁丝、铜丝等，以及金属制品，如铁盒、铁罐、易拉罐、啤酒瓶盖、机器零件等。金属材料多用于户外游戏用品和壁饰的制作（图3-3-17、图3-3-18）。

图3-3-17　金属材料作品（1）　　　图3-3-18　金属材料作品（2）

7. 玻璃材料

由于玻璃材料硬度高，不易塑形，容易破碎，有一定的安全隐患，在幼儿园中使用频率不高。常用的玻璃材料有做底板用的彩色玻璃板，还有玻璃瓶、玻璃容器、玻璃球等。

8. 其他材料

目前，幼儿园环境创设除了美观、舒适、环保、安全，满足幼儿现阶段身体和能力的发展，更追求创意和特色，这就需要在材料上进行深入的挖掘。在选取材料时，我们要善于观察生活，留意自然界和生活中的一些特色材料，还要做好材料的市场调研，及时挖掘可用的新型材料。如自然界中动物的皮毛、羽毛，植物的根茎、叶子、花卉、果实、种子，还有各种农作物（小麦、豆类、玉米等）、果蔬（苹果、桔子、洋葱、萝卜等），以及动物加工副产品、食品类（通心粉、糖果、饼干等）。生活中废弃物更是随处可见，除上述不同材质的废弃用品外，还有自行车、轮胎、鞋子、产品包装等。这些材料具有丰富的纹理和特殊的美感，经过巧妙的运用，不仅能增加环境的艺术语言，给人以强烈的艺术感受，还能在传达环保理念的同时，给幼儿带来更多的惊喜和想象力的启迪（图3-3-19、图3-3-20）。

图3-3-19　废旧材料作品　　　图3-3-20　果蔬材料作品

现代幼儿园环境创设中材料的使用越来越丰富、个性化，结合多种材料的不同特点进行综合运用和创新，可使艺术创作的手段更加丰富和自由，使幼儿园环境创设更加多样化且富有新意。

三、材料的选择与表现

材料选择与表现的合理性、科学性、创意性是幼儿园环境创设中较为关键的因素。幼儿园教师要通过观察、发现、收集、运用等过程，发掘新材料的特性，尝试用多种表现技法和造型方式，展现其全新而特有的视觉美感和审美价值。

1. 根据设计构想去选择材料

通常情况下，我们会先为幼儿园各环境区域做设计方案，根据设计风格和设计需求，按预算价格去选取相应的材料。通过了解不同材料所具有的独特质感、纹理、色彩、光泽与特性，用不同的形态组合（点、线、面、块）与加工工艺（剪、刻、团、拧、编、系、排列、缠绕、打结等），将材料加工成平面或立体状态，达到理想的设计意图和视觉效果。

2. 根据材料去确定设计方案

根据对某种材料的喜好，选定材料后，充分分析和体会材料的形态、色彩、肌理等特点，努力挖掘材料的多种可变性，从内心激发创作欲望去较好地诠释材料与环境的关系，释放自己的创造力，确定设计方案，使材料的特色得以充分发挥。

 实景再现

图 3-3-21　　　　　　　图 3-3-22　　　　　　　图 3-3-23

图 3-3-24　　　　图 3-3-25　　　　图 3-3-26　　　　图 3-3-27

 案例分析

麻绳的妙用

麻绳是天然材料，是幼儿园手工制作中常用的线材。麻绳取材方便，经济实惠，自然环保，古朴的色调、粗糙的纹理、牢固的承重力，既具质感又有复古感，是生活中装点家居的不二选择，也是幼儿园环创中极具个性的装饰材料。

在幼儿园环创中，通过对麻绳进行编织、打结、结网、缠绕、盘绕等方法，使其具有不同的功能,在幼儿园不同区域中大放光彩。选取较粗的麻绳作为空间区域的隔断，透气而朴实。将麻绳进行打结、编织成网状固定在墙面或屏风上，用小夹子夹住幼儿作品和照片进行展示，易于替换。将麻绳盘绕在瓶子或盒子的外壁上，可用来做装饰盒、花盆，具有储物、种植、观赏的价值。将麻绳盘成圆形，点缀上纽扣，来装饰墙面或做装饰画。用麻绳将幼儿园栏杆、扶手等处缠绕起来，手感厚实，让幼儿摸起来更有安全感（图 3-3-28~图 3-3-30）。

图 3-3-28

图 3-3-29

图 3-3-30

练习与实训

1. 分组进行幼儿园环境材料的市场调研，充分了解各种常用材料，做好新材料的挖掘与开发。

2. 选择某一种材料，深入了解材料特性，尝试将此种材料运用到幼儿园环境创设中。

拓展链接

时尚新宠——废旧纸材料创意服饰

在追求时尚与个性的时代，废旧纸材料经过设计师创意，设计成具有强烈风格感的服饰。创意服饰的设计既有环保理念，又可以开发设计思维。设计理念的建立、形式创意、色彩创意、结构和工艺创新都会使创意服饰具有装饰美感。彩色卡纸、旧报纸、皱纹纸、宣纸、包装纸、宣传单等各种废旧纸张成为设计师们的新宠（图 3-3-31~图 3-3-33）。

图 3-3-31

图 3-3-32

图 3-3-33

第四节 制作形式

在幼儿园环境创设中,根据装饰空间、位置的不同,可以采用不同的制作形式,以平面或是立体的形态完成装饰。手工制作和彩绘是幼儿园目前最常用的制作形式,综合材料装饰形式也越来越多地出现在幼儿园环境创设中。

一、手工制作形式

手工制作是幼儿美术教育的重要组成部分,是深受幼儿喜爱的一种艺术形式。手工制作有助于锻炼幼儿手部肌肉的协调发展,提高幼儿的动手能力,增强幼儿的认知能力和探究能力,使幼儿智力和身心健康得以全面发展。幼儿园教师也要具备较高的手工制作水平,掌握制作方法和制作技巧,与幼儿共同打造具有艺术美感而有趣的幼儿园环境。

手工制作是幼儿园环境中最常见的制作形式,常用于幼儿园室内外公共空间、壁面、活动区角等装饰,同时也是幼儿园健康、语言、社会、科学、艺术领域课程中常用的游戏形式。

（一）平面拼贴制作形式

平面拼贴造型以平面形态为主,采用剪、刻、撕、绘等不同方法将各种纸张、布料等易加工材料进行制作,经过平面粘贴装饰在幼儿园室内的墙壁或家具上。

由于制作方法简单,制作形式也相对单一,所以设计时对墙饰的造型与色彩提出了更高的要求。构思上要新颖、别致,主题突出,构图完整,形象夸张、简洁,色调明确,强调装饰趣味和意境。注重墙饰完成后的整体效果,同时细部处理要精致、到位（图3-4-1、图3-4-2）。

图3-4-1 平面墙饰（1）

图3-4-2 平面墙饰（2）

1.常用的材料

（1）背景板材料。软木板（水松板）、毛毡板、磁力板、KT泡沫板、防火板、彩色墙纸等。

（2）制作材料。主要材料为不同颜色、质地、厚度、透光度的纸张和布料,如彩色卡纸、瓦楞纸、软橡皮纸、宣纸、牛皮纸、广告纸、瓦楞纸板、即时贴、彩色墙贴、不织布、棉布、毛呢等。

2.常用的制作技法

（1）剪刻法。用剪刀将画好的图形沿外轮廓剪下,用刀要干脆利落。

（2）镂空法。用刻刀在图形内部刻出纹样或结构。

（3）撕制法。用手撕出图形的外轮廓，产生粗犷、独特的撕制效果。由于纸的质地、厚薄不同，撕时的快慢节奏不同，画面效果也不同。

（4）拉毛法。将纤维物的经线或纬线抽掉，留出自然毛头，表现特殊质感（图3-4-3、图3-4-4）。

图 3-4-3　剪刻法　　　　图 3-4-4　拉毛法

3. 装饰与制作要点

（1）平面拼贴墙饰要统筹考虑幼儿园中室内、外墙饰的位置、内容、风格、色调。

（2）注重装饰形象的整体效果，在造型和色彩上不要过于琐碎。要有明确的主体形象，在画面中占有重要的位置。色调明确，不宜花哨、杂乱，巧妙处理大小色块之间的对比关系。

（3）粘贴时要细致、平整，特别是带背胶的材料，如用即时贴在门窗玻璃上装饰或用儿童墙贴在墙面上装饰时，粘贴要小心谨慎，切忌凹凸不平或有气泡。

目前，幼儿园为减少教师在环境装饰上所花费的时间，减轻教师的制作压力，除了手工制作一些形象进行装饰外，也会用电脑喷绘、即时贴、儿童墙贴和花边纹样作为平面拼贴形式的补充，可在幼儿园环境中适度使用。电脑喷绘适用于幼儿园园务工作栏、大型活动的宣传和舞台背景。用及时贴剪刻出趣味造型，平整粘贴在门、窗的玻璃上用于装饰，在不影响采光的基础上，具有内外两面的观赏性。地面图标也经常使用平面拼贴形式，用于标注区域界限和地面游戏。儿童题材的墙贴色彩鲜艳，造型可随意组合，精致美观，装饰在彩色墙面上效果更出色，用于室内活动区角或是墙面腰线的装饰。花边纹样主题丰富、造型别致、形式新颖，作为主题板的边缘装饰，方便快捷，具有较好的视觉效果（图3-4-5～图3-4-9）。

图 3-4-5　即时贴　　　　图 3-4-6　地面装饰　　　　图 3-4-7　儿童墙贴（1）

图 3-4-8　儿童墙贴（2）　　　　图 3-4-9　花边纹样

(二)半立体(纸浮雕)制作形式

纸浮雕是用平面材料进行立体加工制作,使形象在视觉和触觉上都具有立体感,使造型更加生动、逼真。通过不同的粘贴方法固定在墙面上,使之形成浮雕式的立体效果。

由于特殊的制作技法能制作出栩栩如生的动植物形象,表现出物象不同的质感和肌理感,深受幼儿的喜爱。在构思设计时,造型需要具有立体纸雕的独特性,考虑切、剪、折、卷、叠、粘等技法的结合,制作出精美的立体造型(图3-4-10、图3-4-11)。

图3-4-10 纸浮雕(1)　　图3-4-11 纸浮雕(2)

1.常用的材料

(1)彩卡塑形。选用有一定厚度、韧性、可塑性强的纸质材料塑形,可用各种彩色卡纸、瓦楞纸、皱褶类纸等。

(2)折纸塑形。选用质地好的彩色纸,折叠出折纸造型,可用双色彩纸、蜡光纸、包装纸等。

2.常用的制作技法

(1)剪刻法。用剪刀剪刻出物象的立体效果,产生强烈的质感和动感。常用于表现动物毛发、羽毛的蓬松感,人物头发、胡须的飘逸感,草地层层叠叠的厚重感,还有圣诞树、椰子树的叶子,太阳的光芒等(图3-4-12~图3-4-14)。

图3-4-12 剪刻法(1)　　图3-4-13 剪刻法(2)　　图3-4-14 剪刻法(3)

(2)镂空法。用刻刀将图形的局部刻出某种造型,镂空部分露出底色,加强了空间层次感、透气感,同时局部色彩关系更加丰富。常用在面积较整,而上面又有细碎纹理的造型,如能表现出流动的河水、植物的叶脉、树洞和年轮、鱼类的鳞片、孩子的发丝等。在灌木丛上出现镂空点可使景物透气,产生光影效果(图3-4-15~图3-4-17)。

图 3-4-15　镂空法（1）　　图 3-4-16　镂空法（2）　图 3-4-17　镂空法（3）

（3）边缘卷曲法。将纹样的边缘用笔杆反复地摩擦，略为卷曲成小弧度，使平面的材料形成略带有厚度的体积感，边缘更加柔和。常用于面积较大且略带立体感的形象，如建筑物、人物、动物的基本形体、衣饰，自然界中的太阳、月亮、云、山、石、花草、灌木丛等。也可用于面积较小且较为密集排列的形象，如葡萄、小气泡等（图 3-4-18、图 3-4-19）。

图 3-4-18　边缘卷曲法（1）　　图 3-4-19　边缘卷曲法（2）

（4）卷曲法。用笔杆反复摩擦或刮擦纹样需要弯曲的部位，使造型出现强烈的卷曲立体效果。有时也可用手指甲反复刮擦某个局部，如花瓣的边缘，增强其卷曲感。卷曲法的使用最能为墙面装饰带来动感，常用于制作树干、花、草、叶、藤蔓，人物的头发和裙边等（图 3-4-20~ 图 3-4-22）。

图 3-4-20　卷曲法（1）　　图 3-4-21　卷曲法（2）　　图 3-4-22　卷曲法（3）

（5）折叠法。用刻刀在平面造型的正面峰线和反面谷线上划出痕迹，并按照峰线、谷线进行折叠，使平面的造型呈现出一定的立体感。可表现出形象内部的结构特点，更加具有真实感，使形象更精致，常用于花草、树木的处理。用屏风折还可制作房屋的屋面、道路等造型（图 3-4-23~ 图 3-4-25）。

图 3-4-23　折叠法（1）　　图 3-4-24　折叠法（2）　图 3-4-25　折叠法（3）

（6）编织法。用刻刀将彩纸裁成若干小条，再将纸条按照经线和纬线编织，可编织成五颜六色的面状造型。还可以在大面积的底纸上用刻刀划开纬线，用彩色纸条沿着经线方向，穿插编织进去。编织法不但能表现出编织的质感，而且能增加画面的色彩感。通常可以用在有编织质感的造型上，如花篮、鸟巢、地毯等（图3-4-26、图3-4-27）。

（7）着色法。受单色纸张的限制，不同颜色的彩色卡纸、报纸难以做到柔和的色彩渐变，墙饰中往往缺少绘画中细腻的色彩关系。为了弥补材料所带来的缺憾，在完成大致的立体造型后，可用彩色铅笔、炫彩棒、水粉在局部着色，产生丰富的色彩变化，增强真实感（图3-4-28、图3-4-29）。

图3-4-26　编织法（1）　　图3-4-27　编织法（2）　　图3-4-28　着色法（1）　　图3-4-29　着色法（2）

（8）综合法。在画面中可根据形象的特点合理使用多种技法，一般来说一个完整的画面可使用3~6种技法（图3-4-30~图3-4-33）。

图3-4-30　综合法（1）　　图3-4-31　综合法（2）　　图3-4-32　综合法（3）　　图3-4-33　综合法（4）

2. 装饰与制作要点

（1）班级要确立班级特色和主题。不同班级的墙饰要有自己独特的风格和个性，突显本班幼儿的特点和特长。教室内外装饰物主题明确，特点突出，有相同风格的造型元素贯穿始终。

（2）在幼儿园环境中使用纸浮雕制作面积不宜过大，少而精致，起到画龙点睛的作用，既能吸引幼儿的注意和兴趣，又充分体现教师扎实的专业技能。

（3）合理使用制作材料。墙饰具有周期性，多以软木板和毛毡板为底板，易于更换版面内容和装饰物。制作材料类别不宜过杂过多，用彩卡或某种材料作为主要材料，适当辅助添加一些其他材料作为点缀。

（4）制作纸浮雕时，合理、巧妙运用各种制作技法，形成各种特殊的立体效果。

（5）将制作好的半立体造型先按位置摆放，衡量整体色彩关系，局部形象在色彩和技法上可做适当的调整。

（6）注意粘贴的先后顺序，通常先粘底层的景物（空间上最远的景物），一层层由底部向上逐层粘贴。远处的景物宜用全贴或半贴，粘贴较平整。近处的形象宜用半贴或点贴，局部可根据画面需要将景物垫高。大块纹样可用泡沫胶，小纹样可用小纸卷竖起垫高，增强纵深感和立体感。

（三）立体制作形式

在幼儿园环境创设中，有时会以大型立体装置或立体手工小制作的形式进行空间装饰。趣味立体装置具有全方位的立体视觉效果，适合摆设在幼儿园较大公共空间中，设计时通常会以某一主题作为装饰内容，通过对各种材料的创意构想，融入不同艺术形式，使装饰物彰显出艺术美，体现较高的艺术品位。此外，部分小空间会以幼儿的手工制作作为环境的点缀（图3-4-34、图3-4-35）。

（四）悬挂制作形式

幼儿园室内上部空间的装饰，除了用吊顶和灯饰进行装饰外，大部分通过从高处悬垂装饰物来达到美化幼儿园的目的。清风袭来，悬挂物随风而动，为室内环境增添了几分情趣。通常在幼儿园教学楼大厅、走廊、教室内（门、窗上部、墙角、活动区等）上部使用悬挂手工制作进行装饰（图3-4-36、图3-4-37）。

图3-4-34　立体制作形式（1）　　图3-4-35　立体制作形式（2）　　图3-4-36　悬挂制作形式（1）　　图3-4-37　悬挂制作形式（2）

为了便于装饰品的悬挂，幼儿园在装修时应考虑设置一些易于悬挂的木条、木格或其他形式，并整体规划它们的位置、形状，以便能达到美观、有序的悬挂效果。

1. 常用的材料

用各种纸、布、纱、塑料、彩泥、废旧纸杯、纸盒、塑料盒等轻质材料进行制作，用线、绳、纱、布、透明塑料纸、网格等悬挂装饰。

2. 装饰与制作要点

（1）制作悬挂物要注意材料的安全性，不宜悬挂过重、过于尖锐、存在安全隐患的装饰物。

（2）悬挂物应具有知识性和趣味性，让孩子们感到美观、舒适，心情愉悦，符合孩子的审美情趣。

（3）某一区域的悬挂装饰应突出某一主题或某一类别形象，内容不要过于杂乱（如奇妙的动物世界、神秘的海洋、中国脸谱等），也可悬挂幼儿的绘画、手工作品。

（4）悬挂物在教室内可作为区域的分割，形成不同的活动空间（图3-4-38~图3-4-40）。

图 3-4-38　悬挂装饰物（1）　　图 3-4-39　悬挂装饰物（2）　　图 3-4-40　悬挂装饰物（3）

二、彩绘形式

彩绘是幼儿园环境创设中另一种常见的艺术形式，常用于幼儿园院墙、楼体外墙壁、教学大厅或教室壁面的大型彩绘，也用于教室或楼道处悬挂的装饰绘画（图3-4-41、图3-4-42）。

图 3-4-41　彩绘（1）　　　　　　图 3-4-42　彩绘（2）

（一）墙体彩绘

1. 常用的材料

常用的彩绘颜料有水粉颜料、丙烯颜料、油画颜料、油漆等，墙面底色层可用彩色乳胶漆刷底色。

室外墙饰要充分考虑到防水、耐晒等因素，避免色彩脱落，保证彩绘墙饰较长的使用周期，在材料上可选用丙稀颜料、油画颜料或乳胶漆。为降低制作成本，可用乳胶漆涂抹大面积底色，用油画完成色彩丰富细腻的主体形象。

室内墙饰要考虑材料的安全性，可选用污染性小的丙稀颜料、水粉颜料。在水粉颜料中混合一定量的乳胶，可有效防止水粉颜料干后开裂。

2. 绘画形式

幼儿园墙体彩绘常用的形式有手绘式、喷绘式和模板式彩绘。

（1）手绘式。一般在做好底色的墙面或瓷砖表面上勾画底稿，用不同绘画技法进行着色。特点是操作简单，易于更换内容，颜料环保，绘画风格多样化（图3-4-43、

图 3-4-43　手绘式（1）　　　　　　图 3-4-44　手绘式（2）

图 3-4-44）。

（2）喷绘式。主要用喷笔或自喷漆在墙面上进行喷涂色彩，特点是表面光滑，色彩细腻均匀，光影变化柔和，对绘画者的美术功底有较高的要求。值得注意的是，自喷漆气味大，对空气有污染，不适宜在室内使用。

（3）模板式。将镂空好造型的模板贴在墙面上，将镂空处填涂或喷绘上色彩，再将模板取掉即可。一般可以根据需要用刀镂空或电脑镂空形象外轮廓，复杂的造型镂空时注意留出内部结构线。

3. 常用的绘画技法

幼儿园墙体彩绘常用的绘画技法有：平涂法、晕染法、叠色法、勾填法、压印法。

4. 装饰要点

（1）彩绘墙饰可绘制大型装饰壁画，也可绘制小的装饰纹样。

（2）彩绘墙饰要根据幼儿园环境整体布局和色彩来确定其位置、大小及主色调。

（3）大型装饰壁画应绘制在视野开阔的公共空间，面积较大的墙壁上，如院墙、楼体外墙壁、大厅壁面等。注意画面的视觉流程，造型也不宜过于琐碎。

（二）装饰画

装饰画作为环境设计的组成部分，是美化环境的一种独特艺术形式，营造出艺术化空间。在幼儿园环境中，装饰画不仅可以烘托环境气氛，还可以强化空间特点，增加幼儿审美情趣，实现个性与环境的统一。在装饰画的选择上要符合幼儿发展的心理和生理特点，容易被幼儿接受和喜爱，造型、色彩与构图都具有装饰性，可进行抽象、变形、夸张等，偏重于表现形式的装饰性，也可使绘画向工艺装饰趣味性上发展。

 实景再现

图 3-4-45

图 3-4-46

图 3-4-47

图 3-4-48

图 3-4-49

案例分析

幼儿园活动空间的间隔

根据幼儿园空间功能的不同，会将幼儿园空间区域进行划分，并用各种物品将空间间隔开来。为了使视觉空间更为通畅，通常会用低矮的家具间隔不同区域。教师巧用彩色线绳从高空悬垂下来，通过编织或打结形式编成网状，既有强烈的色彩视觉，为活动区域铺设了色彩基调，又有效间隔了空间，形成各自的活动区域而互不干扰。此外，还能在悬垂的网面上装点幼儿作品（图3-4-50、图3-4-51）。

图3-4-50　　　　　　图3-4-51

 练习与实训

1. 查阅幼儿园环境创设的相关资料，到幼儿园进行实地考察，收集幼儿园环境创设的实景资料，小组内进行赏析和交流。

2. 查阅相关网站，或查找相关书籍，搜集优秀的儿童装饰画作品，建立自己的图片资料库。

3. 为幼儿园设计墙面壁饰，以半立体制作的形式完成创作。

 拓展链接

来自巴西的艺术家VikMuniz非常擅于运用不同寻常的材料来重现艺术大师们的画作，从过期杂志、广告宣传单到漫画书，几乎大多数的印刷品都是他的创作材料。他用撕碎的纸片拼贴成色块组合，模拟出梵高、塞尚、马奈、德加等画家的著名油画作品，令人赞叹不已（图3-4-52、图3-4-53）。

图3-4-52　　　　　　图3-4-53

模块四
幼儿园视觉形象设计

【本模块概要】

本模块主要介绍幼儿园视觉形象设计的分类,包含基础系统和应用系统两大模块。重点阐述了两大系统的主要设计内容和基本设计要求,并通过经典案例的分析鉴赏,为学生提供幼儿园形象设计创意的参考形式。

【本模块学习目标】

1. 掌握幼儿园视觉形象设计两大设计模块。
2. 掌握幼儿园视觉形象的主要设计内容和基本设计要求。
3. 通过幼儿园视觉形象设计的经典案例,学习制作的流程和方法。

第一节　幼儿园视觉形象设计的分类

幼儿园视觉形象设计主要包含两大部分设计内容：基础系统设计和应用系统设计，这个分类主要是参考视觉传达设计中 VIS（Visual Identity System）设计系统的分类来进行划分的。本节重点介绍基础系统的设计，包含标志设计（园徽设计）、标准字体设计、标准颜色设计、标准组合设计、辅助图形设计和吉祥物设计等；应用系统设计是在基础系统完成的基础之上进行具体实物的设计应用，它的分类划分比较广泛，如办公用品、学习用品、建筑外观与装饰、视觉导航标识、校服、校车、宣传广告等。具体的应用系统的分类可根据每个幼儿园的具体实际需要进行设计种类的增减。看似分散的设计内容其实必须紧紧围绕和表现一个共同主题进行系列化设计。

一、基础体统设计

基础系统的设计是幼儿园视觉形象系统中的重要设计部分和核心内容，它是应用系统的基础设计要素，特别是标志设计（园徽设计），更是整个视觉形象设计的重中之重，是整个设计的灵魂所在，而标准字体、标准色和标志设计结合在一起构成了标准组合，辅助图形和吉祥物的设计则是最能体现幼儿特色的设计内容（图4-1-1、图4-1-2）。

图4-1-1　熙梦幼儿园形象设计　　图4-1-2　POPO幼儿园形象设计

1.标志设计（园徽设计）

标志设计也可以称为园徽设计，它主要是运用图形或是文字通过色调和样式的艺术设计手法，设计出符合幼儿园形象特征、办学理念和教育目标的设计作品。标志一旦设计出来，就会被反复应用在幼儿园的应用物品上。它的组合形式可以以图形设计为主、以文字设计为主，或者文字结合图形设计。无论哪种形式都是幼儿园公众形象的最直接代表，因此设计过程中要注意展现出幼儿园的特色文化内涵，并符合大众对幼儿园的基本审美要求，力求标志设计（园徽设计）能够体现出造型简洁，容易记忆，色彩清新明快，充满童趣、童真的特点。当然设计创意构思也有一定的方法可循，现列举如下（图4-1-3、图4-1-4）。

图形为主设计　　　文字设计为主　　　文字结合图形设计为主

图4-1-3　幼儿园标志设计（园徽设计）形式

图 4-1-4　幼儿园标志设计（园徽设计）

（1）利用幼儿园的名称设计

一些幼儿园在选择名称的时候就使用了较为直接形象的名字，如蓝鲸幼儿园、运河之星幼儿园等。这类幼儿园就可以直接把名称形象化处理，设计出标志来，如蓝鲸幼儿园就可以用蓝鲸的造型，体现出海洋感；运河之星幼儿园以蓝色波纹和星星来进行标志设计。这样与幼儿园名称结合在一起，加深了人们对幼儿园的整体记忆，也有利于公众形象的传播（图 4-1-5、图 4-1-6）。

图 4-1-5　蓝鲸幼儿园标志　　　　　图 4-1-6　运河之星幼儿园标志

（2）利用幼儿园的文化特色设计

每个幼儿园都有自己的办园特色和幼儿园文化，利用这些元素来进行标志的设计，就可以通过视觉形象展现出幼儿园的文化特色。设计中还可以加入地域文化特色元素，这样设计出来的标志就更有文化内涵和深度（图 4-1-7~图 4-1-9）。

  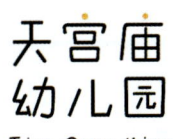 

图 4-1-7　新城幼儿园标志　　　图 4-1-8　天宫庙幼儿园标志　　　图 4-1-9　大拇指幼儿园标志

（3）利用熟知图形联想设计

我们日常生活中存在着很多大众熟悉的图形，这些图形本身就具有一定的象征意义，如白鸽象征和平，爱心代表守护，星星可以代表梦想等，这些都可以作为设计元素用来做幼儿园的标志设计，其优点是公众熟悉这些图形或者符号，容易让人联想记忆，产生共鸣（图 4-1-10、图 4-1-11）。

图 4-1-10　熙梦幼儿园标志　　图 4-1-11　紫薇国际幼儿园标志

2. 标准字体设计

标准字体是指专用的规范字，其地位仅次于标志设计，一般都会结合标志设计出现在标准组合之内。标准字体除了常用的中英文标准字体之外，也可以根据幼儿园的需要设计出艺术字体。标准字体也是幼儿园名称的使用字体，所以在使用艺术字体时要能够体现出幼儿特色，符合童真稚气，并要注意字体的设计运用要和标志的设计在色彩风格上要协调一致，避免出现分离感和不和谐感（图 4-1-12~ 图 4-1-14）。

图 4-1-12　中文标准字体　　　　图 4-1-13　英文标准字体　　　　图 4-1-14　艺术字体设计

3. 标准颜色设计

标准颜色的设计是对整个视觉形象中使用颜色的把握，它一般体现在标志设计之中，并且决定了整个视觉形象中应该使用的颜色。选好标准颜色后应该注明颜色数值（CMYK 的值），并普遍应用于印刷组合之中。为了设计应用的需要，也会在选择标准颜色的基础上，设计一些辅助颜色的使用，但是在选用标准颜色时不宜超过 3 种颜色，而且也要符合幼儿审美特征，使之与标志设计和字体设计和谐统一（图 4-1-15、图 4-1-16）。

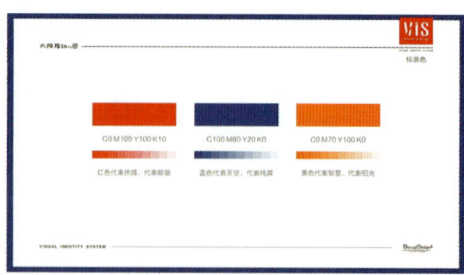 

图 4-1-15　标准颜色设计　　　　　　图 4-1-16　辅助颜色设计

4. 标准组合设计

标准组合的设计是对整个视觉形象识别的基础系统设计进行规范化组合的设计内容。它包含组合的规范内容和组合禁止内容，简单而言，它主要设计了几种标志与标准字体标准颜色的组合规范形式，以及避免组合的规范形式，并且详细规范了组合之中的尺寸比例，有些详细的还规范了组合的最小缩小尺寸和最大放大尺寸等。标准组合的设计完成之后，在应用系统会被广泛应用在实物之中，所以其设计的成败也在一定意义上决定了整体视觉形象系统的成败（图4-1-17、图4-1-18）。

   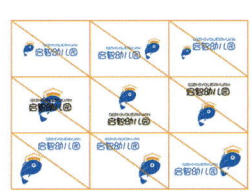

图4-1-17　标准组合规范　　　　　图4-1-18　禁用组合规范

5. 辅助图形设计

辅助图形的设计在一定意义层面上也可以是象征图案，它一般出自标志设计的某一部分图形设计内容，或者是类似标志设计的图形设计内容，算是对标志设计的一个辅助象征或者是起到延申设计内容外延的作用，这样在应用系统时使用辅助图形设计，就会产生较多的变化，不会显得应用系统因为只使用标志设计显得过于单调无聊。

尤其是在幼儿园的视觉形象设计中，使用辅助图形设计，可以使应用物品的画面更加丰富多彩，也更加符合幼儿园的特点，使得设计变化更多，也更加容易体现出童趣特色（图4-1-19、图4-1-20）。

 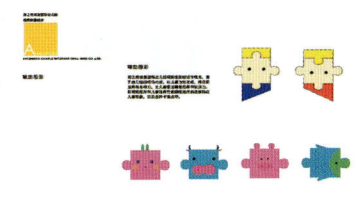

图4-1-19　辅助图形设计（1）　　　图4-1-20　辅助图形设计（2）

6. 吉祥物设计

在很多其他行业的基础系统中，有可能都会忽略或者是去掉吉祥物的设计，但是作为幼儿园，吉祥物的设计正好是对整个视觉形象设计系统很好的诠释，因为吉祥物基本都是以卡通形象出现在设计之中，选择好的话，既能将核心设计内容的标志很好地具象化和实物化，也能使幼儿园的办学理念和精神目标更容易被大众理解和接受。通过艺术处理的卡通形象也更容易被家长和幼儿所接受和喜爱，从而大大提升幼儿园在社会公众的美好形象。

吉祥物在艺术表现形式上基本都是以卡通形象为主，内容题材上以人物、动物居多，但是也有一些幼儿园会选择一些拟人化的植物或是星星、太阳、月亮等美好事物来作为设计元素，当然，无论哪种题材内容，都要与标志设计有一定的联系，必须紧紧围绕核心主题进行设计（图4-1-21）。

图4-1-21　幼儿园吉祥物设计

二、应用系统设计

应用系统的设计是以基础系统的设计为应用元素，设计出幼儿园视觉形象中所会应用到的一切物品，通过标志的广泛应用和标准色与辅助图形的结合应用，体现出幼儿园视觉形象设计中的系列感和统一感。

1. 办公用品类

办公用品的设计可以充分体现出幼儿园的统一性和规范化，是与基础系统的有机结合，设计内容也较为丰富，如信纸、信封、便签、名片、工作证、文件夹、资料袋等（图4-1-22）。

图4-1-22 幼儿园办公用品设计

2. 学习用品、校服及校车

因为幼儿园作为学校必定会有一定的学习用品出现，可以进行设计，如书包、笔袋、铅笔等；或学生的校服，教师或者员工的制服、帽子和徽章等；有的幼儿园可能还存在接送的校车等（图4-1-23~图4-1-25）。

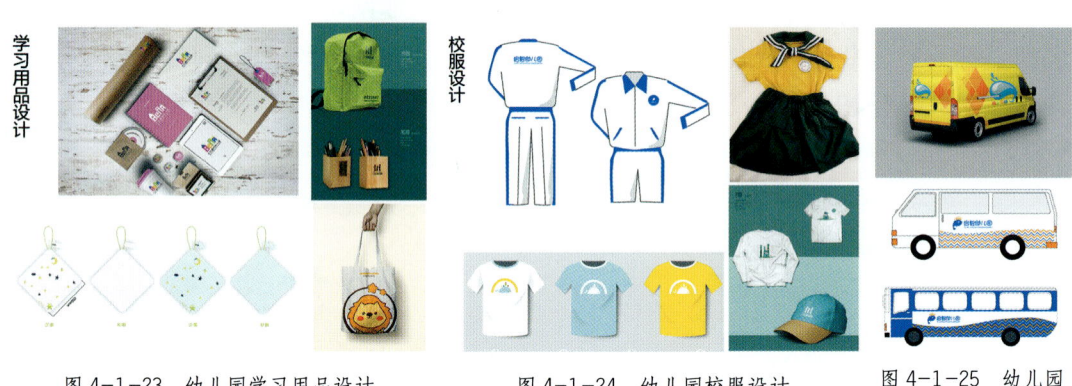

图4-1-23 幼儿园学习用品设计　　图4-1-24 幼儿园校服设计　　图4-1-25 幼儿园校车设计

3. 建筑装饰类

建筑环境的装饰设计分为外部设计和内部装饰。主要是幼儿园形象在公共场合的视觉再现。重点强调标志设计在建筑装饰中的应用再现。可以借助如周围环境的装饰、外观设计的标准色彩应用、旗帜、门面、公共标识牌等；内部装饰的如印有幼儿园标志的吊旗、班级标牌、公共办公标牌，以及进门大厅的标识设计、走廊的公告栏的标志应用等（图4-1-26~图4-1-29）。

 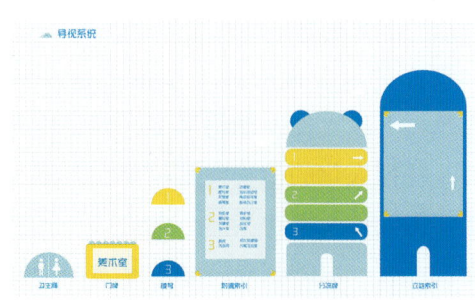

图4-1-26 幼儿园内旗帜设计　　图4-1-27 幼儿园导视系统应用

图 4-1-28　幼儿园门头标志应用　　　　图 4-1-29　滨海幼儿园大厅装饰设计

4.广告宣传类

幼儿园也需要一些对外宣传的广告媒体，如一些宣传手册、招生简章、电子媒体类的网页、视频短片等，以及户外的一些宣传栏广告等，这些都可以加入应用系统设计的内容，统一的系统化设计也能提升和强调幼儿园的社会公众形象（图4-1-30、图4-1-31）。

图 4-1-30　幼儿园广告宣传单设计　　　　图 4-1-31　幼儿园户外广告设计

🎈 练习与实训

1.搜寻1~2个经典幼儿园视觉形象设计案例，参考其设计形式，尝试为某所幼儿园设计一个标志。

2.考察1~2所幼儿园，重点关注他们的视觉形象设计，分析其设计中的优劣点，并列举出他们是否缺失某项设计内容，并针对此项缺失进行改造方案的设计。

🎈 拓展链接

标志性的文化设施建设

标志性的文化设施是幼儿园形象最直观的表现，是幼儿园文化发展的物质基础，是幼儿园现代文明的象征。每所幼儿园都有自己的特色和个性，标志性的文化设施正是这种特色和个性的集中体现。例如，南京市鼓楼幼儿园的鹤琴雕像（纪念馆），为幼儿园增添了风采和魅力（图4-1-32）。标志性的文化设施建设应该既折射出幼儿园的历史文化，又富有浓厚的时代特征，成为一所幼儿园的象征。

图 4-1-32　南京市鼓楼幼儿园的鹤琴雕像

第二节 幼儿园视觉形象设计的经典案例

幼儿园视觉形象设计是近几年逐渐被越来越多幼儿园所重视的内容之一，随着有整体艺术设计形式的视觉形象系统引入幼儿园并被广泛应用之后，它所带来的正面社会影响力和附加的品牌效用越来越明显和突出。本节通过具体的幼儿园视觉形象设计的经典案例——独角兽幼儿园，来分析设计的制作流程和方法，强化制作技能。

一、标志设计（园徽设计）

设计说明：独角兽是中国古代和西方神话故事中的一种神兽，深得小朋友的喜爱，独角兽的形象也是根据幼儿园名称进行设计造型的。色彩上配合粉色系列为主的七彩颜色，配色明快艳丽。独角兽侧面造型设计得清新可爱，契合幼儿的审美需求，独角兽本身就是一种象征吉祥和美好梦幻的造型，所以整体造型设计也蕴含着"积极、友爱、互助、梦想"的办园特色和教育方针（图4-2-1）。

图4-2-1 标志设计

二、标准字体设计与标准颜色设计

标准字体包括中英文的标准字体设计；标准颜色包括基本使用颜色和辅助颜色的设计。他们也是构成标志的基本组合部分（图4-2-2、图4-2-3）。

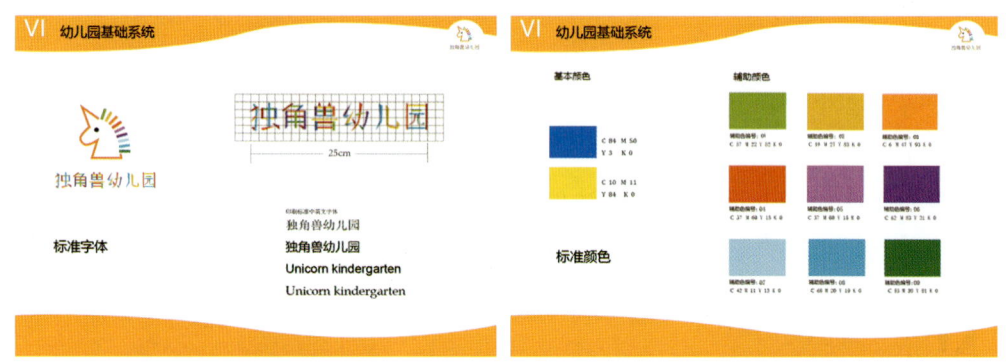

图4-2-2 标准字体设计　　　　　　图4-2-3 标准颜色设计

三、标准组合设计与辅助图形设计

标准组合是标志在应用期间使用的规范组合；辅助图形的设计可以运用在很多应用系统的设计开发项目中（图4-2-4、图4-2-5）。

图4-2-4 辅助图形设计　　　　　　图4-2-5 标准组合设计

四、办公用品设计

办公用品是幼儿园传达社会公众形象的一个重要途径，标准化设计能够向外界传达良好的视觉形象。常用的办公用品包含信封、信纸、文件夹、工作证、名片等（图4-2-6）。

图 4-2-6　办公用品设计

五、学习用品与校服设计

幼儿园的主要学习用品设计可以包含本子、铅笔文具等，还可以设计书包或者手提袋。服装设计主要是设计孩子和老师们的校服（图4-2-7、图4-2-8）。

图 4-2-7　学习用品设计　　　　　　　　图 4-2-8　校服设计

六、视觉导视系统设计

视觉导视系统主要包含楼层指示牌、校园内的指示标识、悬挂的旗帜以及校内的公告栏、宣传栏等（图4-2-9、图4-2-10）。

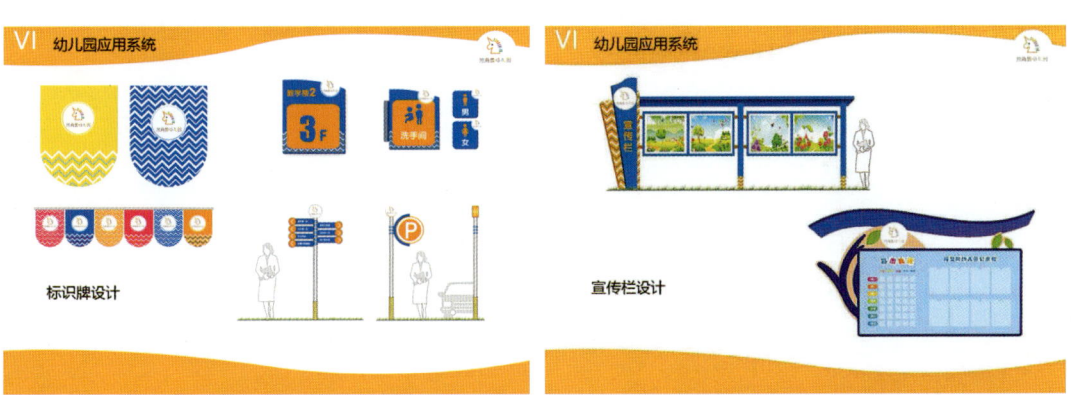

图 4-2-9　导视标识系统设计　　　　　　图 4-2-10　宣传栏设计

在视觉形象设计案例中,核心部分就是标志设计(园徽设计),它是幼儿园重要的文化特色和形象包装的集中体现。设计和制作方法之中,还要更多地从幼儿园的实际需求出发,根据新技术和新材料的不断研发变化,促使视觉形象系统不断发展变化出更加丰富的艺术形式,案例设计中并不能包含所有的应用系统项目,这些也要根据每个幼儿园设计构思的需求来进行改进调整。

 练习与实训

根据本小节的实际案例,模仿设计一套视觉形象设计手册,要求打印成 A4 纸大小,并且装订成册。

 拓展链接

一流的幼儿园需要一流的教育管理理念,而幼儿园的视觉形象设计就是新型管理方式的最好体现,也是对学校公众形象的最好展现形式。国内外优秀的幼儿园都拥有自己独有的一套幼儿园视觉形象识别系统,所以如果想要提升幼儿园的办学特色和办学水平,视觉形象识别设计是非常重要的内容之一。如福州幼师第二附属幼儿园、红黄蓝幼幼儿园等(图 4-2-11、图 4-2-12)。

图 4-2-11 福州幼师第二附属幼儿园

图 4-2-12 红黄蓝幼儿园

模块五
幼儿园主题墙饰的设计

【本模块概要】

本模块介绍幼儿园环境创设中主题墙饰的设计，主要涵盖设计的要点和分类。详细介绍幼儿园主题墙饰设计的原则和要素，重点阐述幼儿园主题墙饰的分类和特点。

【本模块学习目标】

1. 了解并掌握幼儿园主题墙饰设计时要遵循的原则。
2. 了解幼儿园主题墙饰的分类。
3. 熟悉幼儿园主题墙饰设计中的各类材料。
4. 欣赏富有特色的幼儿园主题墙饰。

第一节 主题墙饰的设计要点

幼儿园墙饰的设计越来越受到重视，教师可以借助墙饰这个媒介，为幼儿传递更多的信息，促进幼儿的智力开发，培养幼儿的审美能力，发展幼儿的想象力和动手能力。

一、充分考虑幼儿不同年龄阶段的特点

幼儿园主题墙饰的设计要考虑幼儿不同年龄阶段的特点，设计内容要结合不同领域课程环境的要求。

1. 小班主题墙饰设计要求

小班幼儿年龄较小，入园后需要一个适应的过程，健康领域方面的设置要将安全和健康放在首位，墙饰制作过程中要考虑材料的安全和环保，内容设置可以涉及生活习惯等方面，使幼儿无形中获得生活常识和安全感。对小班幼儿的语言培养可以突出阅读和表达，教师可以通过主题墙饰介绍幼儿喜欢的绘本，引导幼儿说一说，为幼儿顺利适应园内生活提供帮助。小班幼儿入园后，交往范围逐渐扩大，结交到了更多的新朋友，主题墙饰的恰当设计可以使幼儿减少分离焦虑，融入新的集体生活，如"我的好朋友""一家亲"等。小班幼儿已经可以认识和感知形状、数字等，教师可以通过相关墙饰设计，使幼儿初步对科学产生兴趣，如"数数"。设计艺术方面的主题墙饰要注重幼儿的自由表现，让幼儿参与到艺术创作中，可以为幼儿提供自由表达的墙面和材料，也可展示幼儿的艺术作品，让幼儿充分感受艺术的美（图5-1-1~图5-1-4）。

图5-1-1 小班主题墙饰（1）

图5-1-2 小班主题墙饰（2）

图5-1-3 小班主题墙饰（3）

图5-1-4 小班主题墙饰（4）

2. 中班主题墙饰设计要求

中班幼儿需要建立生活习惯和规则意识，主题墙饰可针对幼儿生活能力的提高进行设计，培养幼儿良好的生活习惯，内容也可涉及各种规则，如"班级公约""区角规

则"，在适当的位置出现吃饭、喝水、穿衣、洗手的相应规则，提高幼儿的规则意识。中班幼儿有了社会交往的意识，教师可以通过主题墙饰的设计，增强幼儿的集体荣誉感，也应引导幼儿关心身边的小朋友，如"今天我生日"。中班幼儿的思维处于具体形象思维阶段，可以为幼儿设计数学环境，提供感知和体验的机会。中班幼儿更善于表现自己，教师应创设丰富的环境，创设轻松自由的空间供幼儿创作（图5-1-5~图5-1-8）。

图5-1-5　中班主题墙饰（1）　　　　图5-1-6　中班主题墙饰（2）

图5-1-7　中班主题墙饰（3）　　　　图5-1-8　中班主题墙饰（4）

3. 大班主题墙饰设计要求

大班幼儿身心发展更加成熟，也具备了良好的生活习惯，主题墙饰的内容可增加更高的要求，引导幼儿主动提高生活能力，认识基本的生活标识。同时，教师可以通过主题墙饰的设计，培养幼儿热爱祖国的情感，体现民族文化和本土文化。大班幼儿的探索精神不断提高，针对这个特点，主题墙饰的内容可涉及科学类和益智类游戏，也可加入数学类知识，在墙饰中制作易更换的教具，进行简单的加减法操作。大班幼儿动手能力更强，主动性也较强，可以为幼儿提供更多的壁面，根据教学内容和区角内容，使幼儿参与到墙饰的设计与制作中，从而培养幼儿的审美情感（图5-1-9~图5-1-12）。

图5-1-9　大班主题墙饰（1）　　　　图5-1-10　大班主题墙饰（2）

图 5-1-11　大班主题墙饰（3）　　图 5-1-12　大班主题墙饰（4）

二、保持主题墙饰的动态特征

环境是隐形的教材，主题墙饰在幼儿园环境中也发挥了重要的作用，主题墙饰不是一成不变的，应根据教学内容等条件进行定期更换，才能不断地满足幼儿的好奇心和兴趣。保持内容、色彩和形式的新颖，才能充分吸引幼儿的注意，从而实现墙饰的教育作用。

首先，在适当的时间可以变换主题墙饰的内容，如季节的变化、不同的节日、丰富的活动都可成为主题墙饰的设计题材，可根据这些内容，引导幼儿收集素材，参与到墙饰的制作中。其次，墙饰的色彩也可根据不同的地区、季节或节日进行变化，如四季的表现可选用具有代表性的花卉，不同的季节可选用与其对比的色调。另外，每个班级都有展示幼儿作品的固定墙面，幼儿的作品也可根据不同的主题进行创作并展示，使幼儿学会欣赏他人，同时树立自信心，增强幼儿与教师、幼儿与幼儿之间的联系（图 5-1-13~图 5-1-16）。

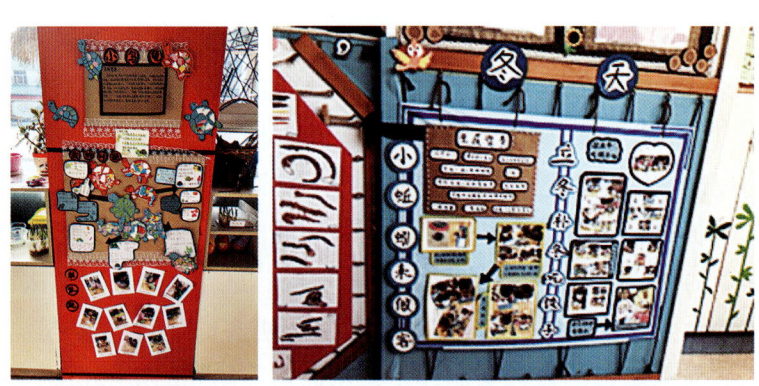

图 5-1-13　徐州市翠屏教育幼儿园　　图 5-1-14　徐州星光第二实验幼儿园

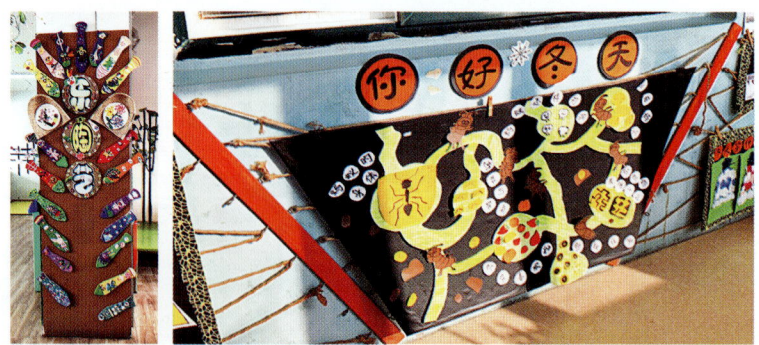

图 5-1-15　徐州市翠屏教育幼儿园　　图 5-1-16　徐州星光第二实验幼儿园

三、体现幼儿的自主性

在传统的墙饰制作中，一般是教师包办代替，根据自己的欣赏水平和喜好进行设计，忽视幼儿的感受，制作过程也由教师个人完成，增添了大量的工作，但起不到很好的效果。即使制作美观，认为给孩子创造了审美的环境，但这不一定是幼儿的兴趣所在。

主题墙饰的设计与制作要充分体现幼儿的参与性，无论是幼儿参与制作，还是展示幼儿自己的作品，都能够充分调动他们的积极性，发挥他们的创造力。设计时可以给幼儿自我发现和大胆想象的机会，满足幼儿自我表达、释放情感的需要，同时也增强了幼儿的集体观念，体现团队合作的精神（图5-1-17~图5-1-20）。

图 5-1-17　徐幼集团绿地世纪城幼儿园　　图 5-1-18　徐州星光实验幼儿园

图 5-1-19　徐州慧秀林幼儿园　　图 5-1-20　徐州慧秀林幼儿园

四、发挥主题墙饰的教育功能

环境发挥着隐性教育的功能，在设计主题墙饰内容时，可以根据幼儿不同的年龄阶段、不同的学习时期来选择主题，注重知识性和教育性的结合，使这种隐形的教材发挥它的教育作用。设计中可以将近期教学目标融入墙饰中，利用实物表现教学内容，加强幼儿的认知和理解，也可将幼儿需要掌握的技能融入墙饰制作中，使幼儿在轻松愉快的环境中获得新的技能，培养他们良好的性格和品质。

不同的地理环境存在不同的文化背景，在幼儿接受多元文化的同时，主题墙饰的设计也可以充分考虑地域特色，利用当地具有代表性的生态材料进行制作，既经济环保，又特色鲜明。融入地方特色也可以充分利用特色资源，使幼儿了解自己的生长环境，从而增强幼儿的认同感（图5-1-21~图5-1-24）。

图 5-1-21　新年主题墙　　图 5-1-22　画展作品

图 5-1-23 "京剧国粹"主题墙　　图 5-1-24 "世界地图"主题墙

五、从美学角度考虑主题墙饰的设计

色彩和形式的搭配都会带给幼儿不同的视觉感受，进而形成不同的心理感受，对培养幼儿的审美能力起到了独特的作用，因此，在墙饰的设计过程中要重视色彩、形式和材料的协调。班级内部可以划分墙饰的固定区域，在每个主题墙设计时，可以选择共同的元素，也可以设计出班级的特色标志，通过这些形式，突出班级特色。

主题墙饰的设计要注重整体性原则，可以为整个班级确定自己的色调与特点，也可整个楼层进行统一考虑，但都要考虑整个幼儿园的环境特色，结合幼儿园的整体环境进行统一规划，实现环境之间的联系，避免形成花哨、杂乱的效果，使幼儿缺乏安全感（图 5-1-25~图 5-1-28）。

图 5-1-25 徐州幼专附属幼儿园　　图 5-1-26 徐州幼专附属幼儿园

图 5-1-27 徐幼集团绿地世纪城幼儿园　　图 5-1-28 徐州慧秀林幼儿园

 实景再现

图 5-1-29 徐州星光实验幼儿园　　图 5-1-30 徐州空军蓝天幼儿园

图 5-1-31　徐州慧秀林幼儿园　　　　　图 5-1-32 徐州星光实验幼儿园

 案例分析

　　幼儿园中的主题墙饰都隐藏着教育意义，此版面（"豆豆变变变"）是以日常生活中常见的豆类为主题，用照片的形式展示了各种豆的颜色，在对应的位置粘贴一袋实物，让幼儿更直观地感受豆豆的色彩和质感。另外，展示出豆皮等食物，引导幼儿了解这些食物都是豆豆制作的，激发幼儿的兴趣和求知欲。版面装饰简单大方，色彩统一协调，突出了版面中的主题图片（图 5-1-33）。

图 5-1-33　豆豆变变变

 练习与实训

1. 欣赏世界级艺术大师的作品，寻找其与儿童艺术的共同点。
2. 结合自己家乡特色，搜集图片资料，整理相关文字说明。

 拓展链接

　　胡安·米罗（Joan Miró，1893 年 4 月 20 日—1983 年 12 月 25 日），西班牙画家、雕塑家、陶艺家、版画家，超现实主义的代表人物。是和毕加索、达利齐名的 20 世纪超现实主义绘画大师之一。

　　米罗从小对大自然的风景非常热爱。画画对于安静及敏感的小米罗来说，似乎是一种习以为常的工作。早年接触过许多前卫艺术家，如梵高、马蒂斯、毕加索、卢梭等人的作品，也尝试过野兽派、立体派、达达派的表现手法。逐步形成了完全属于自己的超现实主义艺术风格。米罗的艺术是自由而抒情的。他的画中往往没有什么明确具体的形，而只有一些线条、一些形的胚胎、一些类似于儿童涂鸦期的偶得形状。颜色非常简单，红、黄、绿、蓝、黑、白，在画面上被平涂成一个个的色块。看起来，这些画自由、轻快、无拘无束。但是，如果你认为它们是漫不经心、一蹴而就的，那你就错了。它们其实是艺术家自由幻想和深思熟虑相结合的结果。米罗的作品是令人愉快的，其画面洋溢着自由天真的气息，往往人见人爱。

　　米罗艺术的卓越之处，并不在于他的肖像画或绘画结构，而是他的作品有幻想的幽默，这是其中一个要素。另一个卓越之处是，米罗的空想世界非常生动。他的有机物和野兽，甚至他那无生命的物体，都有一种热情的活力，使我们觉得比我们日常所见更为真实（图 5-1-34~图 5-1-37）。

图 5-1-34 《哈里昆的狂欢》　　　图 5-1-35 《加泰隆风景》

图 5-1-36 《犬吠月》　　　图 5-1-37 《人投鸟——石子》

第二节　主题墙饰的分类

幼儿园主题墙饰的设计要体现幼儿的自主性和参与性，按照区域划分可分为室内墙饰和室外墙饰，按照功能划分可分为装饰类墙饰、教育类墙饰、互动类墙饰和展示类墙饰等，设计时要考虑幼儿园的整体环境，更要考虑发挥主题墙饰的教育意义。

一、不同区域的墙饰设置

（一）室内墙饰

1. 教室主题墙

教室是幼儿的主要活动场所，由于教室内部被划分成不同的区域，因此主题墙饰也要分区进行设计。一般来说，教室内会有一面醒目的墙壁需要布置，可以做大型墙饰，也可以将一面墙分割成几个块面进行设计。除此之外，教室内墙面还可设置班级公约、区角规则以及作品展示等内容（图 5-2-1、图 5-2-2）。

图 5-2-1　教室主题墙（1）　　　图 5-2-2　教室主题墙（2）

2.走廊、楼梯主题墙

走廊、楼梯是幼儿每日活动的必经场所，走廊与楼梯的布置也尤为重要，走廊的设计可以整体考虑，包括墙饰的位置也可相对固定，色调的选择要充分考虑走廊墙面和地面的色彩，装饰的造型简单明了，不宜繁琐，以免影响采光效果。例如，可以在班级门外设计具有本班特色的班标，走廊墙面设计互动性的家园联系栏，划分一块适合儿童身高的墙面，设计幼儿作品展示的空间。楼梯的设计不宜色彩过多，以免引起幼儿驻足观看而产生拥挤，对幼儿的安全造成一定影响，可以用绘画或粘贴的形式布置一些简单的造型，在楼梯地面粘贴安全标记（图5-2-3、图5-2-4）。

图5-2-3　走廊墙饰　　　　　图5-2-4　楼梯墙饰

3.区角主题墙

区角主题墙饰根据区角内容进行设计，一般来说面积不大，大多采用手绘和平面粘贴法，内容选择与活动区紧密联系的题材。如建构区主题墙饰可以在壁面上绘制建构图形；娃娃家主题墙饰可以粘贴一些温馨的场景图片，以轻柔的颜色凸显家庭氛围；自然角主题墙饰可采用自然物进行装饰，也可以为幼儿提供相关的图片和文字；美工区主题墙的设计可以彰显美术特色，夸张而富有艺术气息（图5-2-5、图5-2-6）。

图5-2-5　植物角主题墙饰　　　　　图5-2-6　阅读角主题墙饰

（二）室外墙饰

室外主题墙的设计主要涉及建筑物外墙、围墙等，建筑外墙的设计是幼儿园给人的第一印象，对于建立幼儿安全感和亲切感起到至关重要的作用。幼儿园外墙色彩应简单明了，不宜过多，也不宜过于鲜艳，外墙的设计要达到视野开阔的效果。室外活动区墙面的设计可以选择富有儿童情趣的形象，增添局部的美感，或选择大师艺术融入其中，增加幼儿园的艺术气息。如果建筑外墙以玻璃为主，可在玻璃上进行图案的粘贴，造型不宜过小，可以将形象进行夸张，色彩要醒目（图5-2-7）。

图5-2-7　室外墙饰

二、不同功能的墙饰设置

主题墙饰按照其功能划分，可分为装饰类主题墙、教育类主题墙、展示类主题墙、互动类主题墙。

（一）装饰类主题墙饰

1. 版面内容

装饰类主题墙一般以突出内容的连贯性为主，借此空间可以展示幼儿园的教育理念，或设计欢迎词（图5-2-8、图5-2-9）。

图5-2-8　装饰类主题墙饰（1）　　图5-2-9　装饰类主题墙饰（2）

2. 设计要点

第一，装饰类主题墙饰主要起到美化环境的作用，一般出现在幼儿园门厅和教室内，设计要体现教育性。

第二，装饰类墙饰更换频率不高，以整体布局为主，注意其与幼儿园整体环境的协调，不宜设计得过于花哨，要简单而富有文化气息。

（二）教育类主题墙饰

1. 版面名称

我的祖国、家乡美景、安全标志我认识、消防知识、文明伴我行、保护自己、我是值日生、动物朋友、十二生肖我知道等。

2. 版面内容

教育类主题墙饰一般分为生活常规类、知识类、德育类等。生活常规类主题墙饰的内容与生活习惯相关，教会幼儿如何洗手、穿衣，引导幼儿了解如厕环节等。知识类主题墙饰的内容可根据近期课程内容进行设计，将教学计划或教学成果贯穿于墙饰中，也可设计一些幼儿感兴趣的内容，扩大幼儿的知识面。德育类主题墙饰的内容主要涉及德育目标，对幼儿养成良好的品德起到辅助作用，也可通过此版面培养幼儿热爱祖国、感恩社会的优良品质（图5-2-10~图5-2-13）。

图5-2-10　生活常规类主题墙饰　　图5-2-11　知识类主题墙饰（1）

图 5-2-12　知识类主题墙饰（2）　　图 5-2-13　德育类主题墙饰

3. 设计要点

第一，教育类主题墙饰主要体现教育功能，实现幼儿与墙饰的互动关系。

第二，设计引导性的图示，外加简单的文字说明，幼儿参与设计制作，更能够加深印象和理解。

第三，由于版面会经常更新，要选择易于更换的固定方式，注意材料的牢固性。

（三）展示类主题墙饰

1. 版面名称

小画廊、艺术天地、环保小卫士、我型我秀、大擂台等。

2. 版面内容

展示类主题墙饰主要是展示幼儿的成果，在此版面中，幼儿可以大胆发挥想象力和创造力，展示自己的活动成果和作品（图 5-2-14、图 5-2-15）。

图 5-2-14　展示类主题墙饰（1）　　图 5-2-15　展示类主题墙饰（2）

3. 设计要点

第一，版面经常更换，选择易于变化的固定方式，如悬挂、粘贴、钉等方式。

第二，版面要留出足够的空间供展示，其余装饰设计得简单大方即可。

第三，作品进行简单装裱，注意版面的整体效果。

（四）互动类主题墙饰

1. 版面名称

家园共育、家园驿站、家园空间、家园互动、家园直通、育花园、成长在线、你我牵手等。

2. 版面内容

互动类主题墙饰的内容一般是教学计划、温馨提示等信息，通过此版面实现教师与家长、教师与幼儿之间的互动，使家长了解幼儿在园学习和生活的情况，了解幼儿身心发展的特点，了解先进的教育理念（图5-2-16~图5-2-19）。

图5-2-16　互动类主题墙饰（1）　　　图5-2-17　互动类主题墙饰（2）

图5-2-18　互动类主题墙饰（3）　　　图5-2-19　互动类主题墙饰（4）

3. 设计要点

第一，版面一般出现在走廊或教室入口处，应与走廊环境相协调。

第二，版面内容经常更新，选择幼儿较容易操作的方式和材料。

第三，设计要突出版面展示的内容，可将版面分成小区域，装饰部分不要零散。

实景再现

图5-2-20　　　　　　　　　　　图5-2-21

图5-2-22　　　　　　　　　　　图5-2-23

案例分析

1. 作品天地

主题墙饰可根据活动区进行设计，美工区预留一面墙壁供幼儿展示自己的作品，尽情发挥想象力和创造力，从作品的创作到墙饰的布置都可以由幼儿完成，在此过程中，幼儿树立了自信心，同时学会欣赏他人。由于展示的作品经常更换，底板选择不易损坏的材质，固定作品的方式也易于更换（图5-2-24）。

2. 家园联系栏

家园联系栏的主要功能是体现互动性，底板材质要结实耐用，图中的版面设计色彩不多，运用的元素清晰明了，字体的形式活泼，富有艺术性，字体的颜色和图案的颜色有一定的呼应性，内容的展示空间较充裕，整体效果完整、协调（图5-2-25）。

图 5-2-24 作品天地

图 5-2-25 家园联系栏

 练习与实训

1. 查阅相关书籍、网站，收集幼儿园主题墙饰的资料，分类进行整理。
2. 以小组为单位，选择一个主题，完成整个版面的设计和制作。
3. 在幼儿园见习期间，进行主题墙饰制作的实际操作。

 拓展链接

1. 巴勃罗·毕加索

巴勃罗·毕加索（1881年10月25日—1973年4月8日），西班牙画家、雕塑家，法国共产党党员。他是现代艺术的创始人，西方现代派绘画的主要代表，当代西方最有创造性和影响最深远的艺术家，20世纪最伟大的艺术天才。

毕加索一生中画法和风格几经变化。也许是对人世无常的敏感与早熟，加上家境不佳，毕加索早期的作品风格充满了早熟的忧郁，早期画近似表现派的主题。后期画注目于原始艺术，简化形象。1915-1920年，画风一度转入写实。1930年又明显地倾向于超现实主义。毕加索的油画作品《格尔尼卡》是毕加索最著名的一幅以立体主义、现实主义和超现实主义手法相结合的抽象画，剧烈变形、扭曲和夸张的笔触以及几何彩块堆积、造型抽象，表现了痛苦、受难和兽性，表达了他多种复杂的情感。毕加索晚期制作了大量的雕塑、版画和陶器等，亦有杰出的成就。从19世纪末他开始从事艺术活动，一直持续到20世纪70年代。毕加索是整个20世纪最具有影响力的现代派画家，毕加索的作品对现代西方艺术流派有着很大的影响（图5-2-26、图5-2-27）。

图 5-2-26 《哭泣的女人》　　　　图 5-2-27 《亚维农的少女》

2. 涂鸦文化

涂鸦首先出现在20世纪60年代的美国。经过这么多年的发展，街头涂鸦文化已经散布到世界上的许多国家。在纽约、柏林、伦敦、哥本哈根等一些大城市，涂鸦慢慢被人们接受，而且逐渐成为一种艺术。

随着中国与世界紧密接轨，街头文化西风东进地迅速渗透进来，"街头涂鸦文化"就是其中之一。近年来，越来越多的年轻人迷上涂鸦文化。他们以不同的形式展现自己的生活态度，用以表达其所想宣告的意念或想法。今时今日在中国，涂鸦已成为年轻人最"潮"的玩意儿之一。涂鸦是街头文化静止的表现形式，它可以是政治的，可以是人性的，甚至可以没有任何含义。它是来源于最直接的内心的声音，色彩明艳，声音铿锵，个性张扬。它是一个城市年轻的标志，激情而躁动，不安而叛逆，你可以不认同它，却不能忽略它（图5-2-28～图5-2-31）。

图 5-2-28　涂鸦（1）　　　　图 5-2-29　涂鸦（2）

图 5-2-30　涂鸦（3）　　　　图 5-2-31　涂鸦（4）

第三节　常见主题墙饰解析

幼儿园常见的主题墙饰的设计要考虑材料的选择，达到教育功能的同时，也要注重艺术性，可以选用现成的材料，也可用废旧物制作成环保材料供使用，版面的设计及呈现的方式要体现多变和实用的特点。

一、班务栏

设计要点：班务栏一般设置在教室入口处，主要内容包括班主任工作职责、保育教师职责、班级消毒制度、幼儿管理制度、一日生活等。此版面设计要简单清晰、一目了然，装饰不宜过多。由于内容不需要经常性更换，可以固定得较牢固，或采用塑封等方式装裱纸张（图5-3-1）。

二、班级公约

设计要点：班级公约可以利用图示表达约定的内容，这样更容易被幼儿接受，也使幼儿更直观地理解一些内容，配上简单的文字，使版面更加清晰。此类墙饰的设计条理要清晰，绘画的造型要有趣味性，吸引幼儿的注意（图5-3-2、图5-3-3）。

图5-3-1　班务栏　　　图5-3-2　班级公约（1）　　　图5-3-3　班级公约（2）

三、家园联系栏

设计要点：家园联系栏是每个班级必备的主题墙饰之一，一般布置在教室外走廊墙面上，便于家长随时了解幼儿的动态，内容经常更换，可以结合走廊环境，设计统一底板，采用钉或夹的方式更换版面内容（图5-3-4、图5-3-5）。

图5-3-4　家园联系栏（1）　　　图5-3-5　家园联系栏（2）

四、作品空间

设计要点：此类主题墙饰的内容一般是展示幼儿的作品，也可展示幼儿的活动记录，装饰要富有艺术气息，无形中提升幼儿的审美。由于作品空间展示的是幼儿的作品，色彩和形式都比较丰富，因此其余的装饰可以简化（图5-3-6、图5-3-7）。

图5-3-6　作品空间（1）　　图5-3-7　作品空间（2）

五、今天我值日

设计要点：值日生的职责可通过图例进行表示，引导幼儿关注自己的职责范围，培养他们的责任心。装饰的材料不要太多，选择幼儿感兴趣的形象，统一色调和材质，突出内容。图例中牛皮纸底色和麻绳的颜色非常协调，装饰中基本都用了邻近色，小面积的对比色更加突出条理性（图5-3-8、图5-3-9）。

图5-3-8　值日生　　图5-3-9　小小值日生

六、健康栏

设计要点：健康栏的版面设计可以稍小一些，提醒幼儿洗手、喝水等，也可以关注身体需要照顾的幼儿，标记幼儿需要注意的问题。由于版面较小，内容设计不要太多，否则过于凌乱而起不到提示的效果（图5-3-10、图5-3-11）。

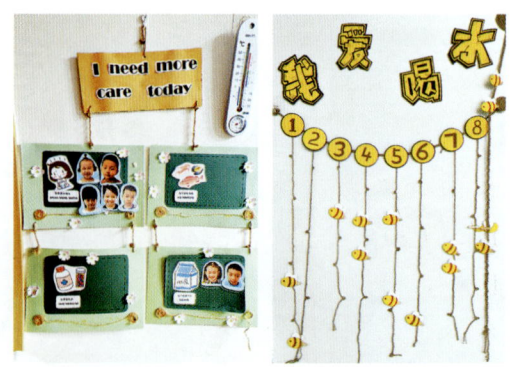

图5-3-10　健康栏（1）　图5-3-11　健康栏（2）

练习与实训

1. 观察幼儿园中常出现的主题墙饰，并记录其内容和特点，建立资料库。
2. 通过网络或实物参观，了解更多适用于主题墙饰的材料，熟悉其色彩和质感。

 拓展链接

1. 中国园林

园林是人们为了游览娱乐的方便，用自己的双手创造风景的一种艺术。由于各民族、各地区人们对风景的不同理解和偏爱，也就出现了不同风格的园林。总结起来，世界上的园林可分为三个系统——欧洲园林、西亚园林和中国园林。我国园林有着悠久的历史，它那"虽由人作，宛自天开"的艺术原则，那融传统建筑、文学、书画、雕刻和工艺等艺术于一炉的综合特性，在世界园林史上独树一帜，享有很高的地位。

我国地域广大，东西南北的气候地理条件及物产各不相同，因而园林也常常表现出明显的地方特点。归总起来，我国南方江南地区、广东沿海地区和四川一带的园林较富特色，于是便有了所谓江南园林、岭南园林和蜀中园林的称谓。而北京四周及山东、山西、陕西等地的园林风格较为相像，便统称之为北方园林（图 5-3-12~图 5-3-15）。

图 5-3-12　江南园林

图 5-3-13　岭南园林

图 5-3-14　蜀中园林

图 5-3-15　北方园林

2. 让·杜布菲

让·杜布菲（Jean Dubuffet），法国画家、雕刻家和版画家。二战后巴黎派主要画家之一。其创作以摆脱观察习惯和文化条件，破除正统的表现规则和油画技艺为特征，并广泛使用各种手段（材料）创造多种风格。20 世纪 40 年代末形成自己的风格，称为原生艺术（粗、生、涩艺术）、涂抹派或塔希主义。后来转向雕刻创作。1962 年达到艺术顶峰——"乌尔卢普"风格。其作品使人联想到儿童涂鸦的自发乐趣，也有史前洞窟壁画的野性意味和西方城市街道涂抹画的随意性。

图 5-3-16 《搅拌场》　　　　　　　　　　图 5-3-17 《景观与阿格斯》

模块六
幼儿园活动区的规划与设计

【本模块概要】

本模块主要介绍幼儿园活动区创设的原则和规划要点，活动区材料的投放、整理与管理的要求，介绍活动区区域牌、活动区规则、进区卡等基本装饰要素的设计与制作方法，详细阐述各个活动区的区域规划、装饰要点及活动材料的投放。

【本模块学习目标】

1. 了解和掌握活动区创设的原则和规划要点。
2. 掌握幼儿园活动区材料投放的原则和材料的收集与管理。
3. 掌握活动区区域牌、活动区规则、进区卡的设计与制作。
4. 掌握各个活动区创设技巧和设计要点。

第一节　活动区的规划与材料投放

幼儿园活动区是根据幼儿园教育目标和幼儿发展水平和兴趣，将教室或活动室划分为不同的活动区域，如语言区、建构区、美工区、角色区等。在功能不同的活动区内投放相应的活动材料，制定游戏规则，幼儿根据自己意愿和爱好自由选择活动区。区域活动重视幼儿与环境、材料、同伴的相互作用，重视幼儿的自主活动和自我探索，重视教师与幼儿的互动来满足不同发展水平的幼儿的需要，幼儿园活动区的创设已成为现代幼儿园教育的主流，成为幼儿的一种主要学习方式。活动区对于幼儿的自主性、社会性、认知与探究等方面的发展有着不可替代的作用，对教师的专业发展也具有重要作用。

一、活动区创设的原则

1. 教育性原则

活动区的创设要符合《幼儿园教育指导纲要(试行)》和《3-6岁儿童学习与发展指南》的基本精神，适应幼儿身心发展的需要，将幼儿园课程和主题活动渗透到每个活动区域。选择贴合这一时期幼儿生活和学习的主题，在活动区投放材料，丰富区域活动资源，使幼儿在集体活动中获取知识，积累学习经验。

2. 整合性原则

幼儿园课程和游戏是密不可分的，幼儿特有的学习和生活方式决定了幼儿园教学活动和游戏活动的整合。区域活动环境是课程实施的必要条件，应充分利用家庭、学校、社区各种资源的整合来优化环境，促进幼儿主动发展。

3. 参与性原则

幼儿是区域活动的主体，活动区的创设必须让幼儿能够主动参与到区域活动中。教师为幼儿营造宽松和谐的游戏环境，环境设置应符合幼儿年龄和心理需要，材料投放多样且具有挑战性，为幼儿创造与材料相互作用的机会，实现教师和幼儿的双向互动。让幼儿能够按照自己的能力和意愿，自主选择游戏内容和伙伴，主动进行探索与学习。

4. 动态化原则

活动区创设不能一成不变而成为"死环境"，应具有多变性和生命力，活动区域种类应随着活动主题和内容的变化而调整环境。同时作为空间分隔的家具应具有移动性，增加空间变化的灵活性。创设规划也要关注和照顾到个体差异，教师应为不同发展水平的幼儿提供不同的活动材料。适度的调整和变化可以激发幼儿参与游戏的愿望，推动区域活动不断走向丰富与深化。

5. 安全性原则

活动区必须具备安全性，这也是幼儿园环境创设的基本准则。活动区创设必须同时考虑幼儿身体和心理两个方面，既要避免区域中家具、用品、玩具、材料等潜在的危险因素，又要让幼儿感到温馨舒适而富有童趣，使幼儿具有安全感和归属感。

二、活动区的规划要点

活动区域是幼儿园主题教学活动的延伸和补充，科学合理的活动区规划是促进幼

儿发展的重要条件。规划时可将教室或活动室分成若干区域，每一个区域的活动都要指向于一定的发展目标，提供对应的活动内容和操作材料。

1. 合理选择和设置活动区

通常情况下，在选择和设置活动区时，主要根据幼儿年龄特征、兴趣和需要，以及现有资源等方面进行设置。受教室或活动室面积限制，活动区数量设置要控制在4~6个，每个活动区大概容纳5~8名幼儿。各年龄段都适宜设置的活动区有阅读区、建构区、美工区、感官活动区、益智区、自然角、娃娃家等。此外，小班幼儿需要行为规则和语言动作上的培养，可增设生活区、操作区等；中班、大班幼儿需要加强思维能力、探究和解决问题的能力，增强社会性的培养，可相应设置角色扮演区、表演区、科学探索区、语言区、数学区等。教师在选择活动区时还应考虑教室或活动室的空间大小和现有的设施材料资源。

2. 活动区要合理布局

（1）划分活动区域大小。根据活动区域功能、活动量和活动人数来划分各活动区空间的大小，如建构区、角色扮演区、创意美工区等需要宽敞的空间，益智区、语言区、数学区空间可小些。

（2）将静、动区域分隔。在进行活动区布局时，会将安静区域与喧闹区域分开，区域间相互减少干扰。活动时需要安静的区域有阅读区、益智区、科学区、美工区，较为吵闹的区域有表演区、建构区、角色扮演区等。

（3）合理安排独立区域与合作区域。根据教室、活动室空间大小，可以将部分活动区域有机整合，增强区域的活动功能。如将阅读区、写作区与语言区进行整合，有利于幼儿语言领域的发展；科学领域方面可以将科学探索区、自然角、生物区进行整合；而健康领域方面则考虑将建构区和感官活动区相结合。

此外，综合考虑教室、活动室的采光照明、用水便利等因素，如阅读区和创意美工区应设置在光线充足的地方，以便于幼儿阅读、观察和创作；创意美工区、科学探索区应离水源近些，以便于幼儿取水清洗。

3. 活动区要有明确界限

活动区域间要有清晰明确的界限，为幼儿活动的开展提供有力的保障，空间划分不清会扰乱班级的活动秩序和幼儿的游戏活动。不同活动区之间通常会利用小家具（材料架、书架、柜子）、大型积木进行区域分割，也可巧妙利用废弃材料（纸箱、纸盒），亦可通过地面上不同颜色、质地的地毯、软垫或地面图标来划分不同区域，形成半封闭式或开放式活动空间。设置隔离物时，要注意隔离物的高度，最好在幼儿视点以下，以便幼儿能清楚辨认各个活动区域，同时便于教师观察和指导幼儿的活动。此外，我们还可以在活动区上方以悬挂方式来进行空间的间隔，如用各种线绳类材料、网状材料进行创意造型，使幼儿的心理上感受到空间的分割，又具有美化空间的效果（图6-1-1、图6-1-2）。

4. 活动区多采用半封闭式空间

活动区大多被间隔物分割成半封闭式空间。半封闭式活动区域便于幼儿根据自己的兴趣和爱好识别和自主选择活动区，减少幼儿四处闲逛的行为，使幼儿在游戏活动中更加专心与投入。同时，半封闭式活动区更便于教师观察不同活动区域内孩子的活动状态，及时与幼儿沟通，不放任和忽视幼儿活动情况（图6-1-3、图6-1-4）。

图6-1-1　用木桩、植物间隔空间

图6-1-2　用材料架、柜子间隔空间

图6-1-3　半封闭式活动区（1）

图6-1-4　半封闭式活动区（2）

三、材料的投放

材料是活动区的必备品，区域活动的教育功能主要通过材料来表现。幼儿根据兴趣爱好，自主选择活动内容和材料，充分利用各种材料进行操作，激发学习和探究的愿望，获得课程以外的知识和体验。

（一）材料选择与投放的原则

1. 教育性原则

材料选择和投放以促进幼儿身心全面发展为基础，符合幼儿全面发展需要，与教育目标相一致。结合课程目标和主题活动，有目的、有针对性地投放适宜幼儿年龄特点、活动需求的活动材料，引导幼儿开展系列活动，通过幼儿与材料的互动，实现教育目标。

2. 多样性原则

材料的投放应该是丰富的，不同的材料会促使幼儿产生不同的感官认识，积累不同的经验，从而促进幼儿的学习和发展。教师投放材料的丰富程度直接关系到幼儿的活动质量。教师应根据不同活动区域的特点，投放丰富多样的材料。材料可以是成型的、半成型的，或是低结构的，以激发幼儿的创造力。教师还要定期进行材料的更换与补充。

3. 递进性原则

根据幼儿年龄特点、感知能力和活动主题，投放相应的、不同层次和不同操作难易程度的活动材料，体现材料的递进性。材料投放应根据幼儿对形状、色彩、时间、空间和方位感知能力，由浅入深、从易到难，进行科学投放、合理调整。根据幼儿发展的不同需求开展不同的活动，针对不同个体差异的幼儿投放不同的材料，让每个幼儿都能找到适合自己的材料，力求使每个幼儿都能在综合素质上获得发展。

4. 可操作性原则

活动区投放的活动材料不是用来装饰环境的，应具有可操作性，提高材料的实用性。通过材料的实际运用引发幼儿动手、动脑，促进幼儿手、脑、眼的协调发展，并使幼儿在区域活动中时刻保持新鲜感和探索欲。

5. 参与性原则

实行家园合作，调动幼儿和家长的积极性，指导幼儿和家长参与到材料的收集、准备、整理过程中，体验材料从收集到操作的系列过程，提高幼儿主动参与的意识，获取更多体验。幼儿园应设置材料投放区和贮藏区。

6. 安全性原则

活动区域投放的材料必须是安全、无毒、无污染的，教师必须检查投放材料的卫生、安全问题。由于活动区材料的收集大部分来自自然界和生活用品，教师在投放前要关注材料的材质、形态，避免使用易碎物及带尖角的物品。对废弃物品要做好清洁、消毒工作。

7. 环保性原则

材料的投放提倡经济环保。根据幼儿园自身条件，除了适当购买一些常用材料外，更要注重自然物和废旧材料的收集、整理、开发，巧用废弃材料，变废为宝，让幼儿学会勤俭和利用资源，提升幼儿的环保意识。同时要深入挖掘和利用本地丰富的特色材料资源，创新材料的制作形式和用途。

（二）材料的收集和管理

1. 材料的收集和整理

幼儿园活动区材料来源主要分为购买和收集自制两种途径。购置的成品或半成品材料较为精美，但具有局限性，更多的区域活动材料需要幼儿及家长共同收集。在收集材料过程中，教师要关注材料中隐含的教育价值，将区域环境创设和材料收集的过程作为幼儿学习的过程。教师可与幼儿一起讨论活动区的布置、材料的选择等，通过讨论决定主题内容，引导幼儿共同制作玩具和创设区域环境。

幼儿园要设置材料投放区，并按照一定的规律对材料进行分类，方便幼儿和家长及时将收集的材料物品投放至相应的位置。按照材料的自然属性，可以分为自然材料和废旧材料。自然材料再分类，如树枝、树皮、稻草、蒲棒、芦苇等；废旧材料再分类，如纸箱、纸盒、纸杯、饮料瓶、油桶等。按照材料的质地，可以分为纸制品、布制品、木制品、塑料制品、玻璃制品、金属制品等。也可以将废旧的生活小物品再细分类，如纽扣、吸管、夹子、瓶盖等（图6-1-5、图6-1-6）。

图6-1-5　材料投放区（1）　　图6-1-6　材料投放区（2）

2.材料的摆放和管理

由于活动区的玩具材料品种多、数量大,应对其进行归类和整理。

(1)玩具材料应摆放整齐,分类放在开放的、低矮的架子上,供幼儿自由选择和取放。可用各种容器分类存放,如筐子、篮子、纸盒等。

(2)玩具材料分类后,应在篮筐和存放位置处贴上同样的图形标签,幼儿根据图示能快速识别存放位置,自主取放玩具材料,有利于幼儿条理性的养成。例如,建构区中各类积木的摆放,可以按积木的形状分类放置在架子上或篮筐中,架子或篮筐上贴上相应的图形标记,帮助幼儿加深对形状的认识,同时养成良好的游戏习惯。图书区图书也可以分类放置在不同的书盒中,贴上相应分类图形标签,有利于幼儿查找自己感兴趣的图书(图6-1-7、图6-1-8)。

图6-1-7　材料的分类摆放(1)　　　图6-1-8　材料的分类摆放(2)

(3)定期为玩具材料进行清洗、消毒,确保材料的卫生、清洁和安全。同时要教育幼儿养成良好的卫生习惯,游戏时不要将玩具材料放入口中,游戏结束后要及时洗手等。

实景再现

图6-1-9　　　　　　　　　图6-1-10

图6-1-11　　　　　图6-1-12　　　　　图6-1-13

案例分析

屏风的妙用

幼儿园在教室内活动空间较小的情况下,可以巧用屏风来划分空间。屏风展开时能有效间隔活动区域,不用时折叠收起,节省了教室内空间。自制屏风多为多扇折叠式,可用KT板、硬纸板制作。屏风高度略低于幼儿身高,使幼儿不感到有封闭感,以便教师能观察教室内幼儿活动情况。屏风上可以用图示规则和图形来装饰,也可采用镂空式,显得活泼而有生气(图6-1-14、图6-1-15)。

图 6-1-14

图 6-1-15

 练习与实训

1. 根据活动区创设原则和规划要点,以小组为单位,分别为不同年龄层次的班级设计活动区规划图。

2. 根据班级活动区的设置,选择某一活动区,进行材料分类,为各类材料设计出图形标签。

第二节 活动区区域牌、活动区规则、进区卡

幼儿园活动区环境创设是幼儿开展活动的重要保障,打造良好的游戏环境有利于幼儿达到个性化的学习和发展。活动区环境基本装饰包括活动区区域牌、活动区规则、进区卡及壁面装饰的设计与制作。由于活动区域面积和玩具数量有限,幼儿可根据兴趣选择游戏,识别区域牌后,将进区卡放置在相应位置上,有序地进入活动区域,按照制定的区域规则参与游戏活动。

一、活动区区域牌

活动区区域牌具有标志的功能,标明区域活动的内容,能让幼儿快速识别教室内不同的活动区域。活动区区域牌属于图形艺术设计,它以直观的图形和文字表现出艺术美感,给幼儿以强烈和深刻的印象,能吸引和感染幼儿,满足幼儿审美需求。设计与制作活动区区域牌有以下要点:

(1)区域牌设计应简洁、明确、美观,具有形式美感。

(2)区域牌采用图形和文字巧妙结合的设计形式。图形应体现活动区特色或班级

特色，典型而不琐碎。文字要体现活动区名称，命名新颖有创意，如建构区以"我是小小建筑师""快乐城堡"等命名；表演区以"我的舞台我做主""梦想小剧场"等命名。文字要突出，字体活泼大方（图6-2-1、图6-2-2）。

图6-2-1　区域牌（1）　　　　图6-2-2　区域牌（2）

（3）区域牌外轮廓设计灵活多变，既可采用自由外形，使标识牌生动活泼、有亲和力；也可用几何外形，如方形、圆形等，显得规整而大气（图6-2-3、图6-2-4）。

图6-2-3　区域牌（3）　　　　图6-2-4　区域牌（4）

（4）区域牌色彩设计要色调明确，配色和谐，字体色与底纹色要有反差，有对比。

（5）区域牌制作形式多样，可悬挂、放置、粘贴在活动区内，方便实用。区域牌尽量要有厚度和硬度，可考虑用KT板或硬纸板作为区域牌底板。

（6）区域牌设计应具有系列感。一般情况下，教室内会安排4~6个活动区，区域牌在风格、字体、制作材料、制作形式上要统一，突显整体感，避免教室内视觉上出现凌乱花哨的效果（图6-2-5~图6-2-9）。

图6-2-5　区域牌（5）　　　　图6-2-6　区域牌（6）

图6-2-7　区域牌（7）　　图6-2-8　区域牌（8）　　图6-2-9　区域牌（9）

二、活动区规则

活动区规则是幼儿有序开展区域活动的重要因素，幼儿必须遵守活动区的活动规则，不仅能培养幼儿的规则意识，还能使幼儿体验到社会生活的规则。教师要善于运用环境来暗示规则，如材料分类图示标签的使用，潜移默化中鼓励幼儿将玩具材料用后放回原处，养成良好的条理性习惯。根据活动区特点，教师制定出清晰明确的活动规则。设计与制作活动区规则有以下要点：

（1）活动区规则必须符合幼儿年龄特点，用简短明确的语句体现规则。活动区规则以图示配以简短提示语的形式出现，便于幼儿理解。小班规则可省略文字，以图示来提示幼儿。规则可由幼儿自己制订，图示可以用简笔形或卡通形绘制出来。

（2）在绘制活动规则时，图示可以放在提示语前，也可穿插于文字中。

（3）规则中应限定活动区人数，并提醒幼儿持进区卡进区活动。由于教室内空间有限，按照活动区面积大小，每个活动区基本限定4~6人。

（4）制作时经常采用手绘和电脑喷绘，注意字体要活泼些，色彩配置要和谐统一，避免字体与色彩变化过多而杂乱（图6-2-10~图6-2-12）。

图6-2-10　活动区规则（1）　图6-2-11　活动区规则（2）　图6-2-12　活动区规则（3）

三、进区卡

进区卡是活动区限制人数规则的具体体现，用于记录幼儿对游戏的选择，同时起到控制活动区人数的作用。在活动区入口处设有插卡处，幼儿在进区前将自己的进区卡插放于此处，教师通过查看各活动区幼儿的进区卡，快速了解幼儿选择的活动区域及活动情况。设计与制作进区卡有以下要点：

（1）每个幼儿必须有专属进区卡，幼儿会识别自己的进区卡。幼儿可用卡通图形在进区卡上装饰，在卡上贴上自己的照片或写上名字，也可用绘制自画像的形式制作进区卡（图6-2-13、图6-2-14）。

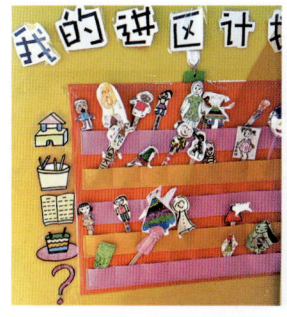 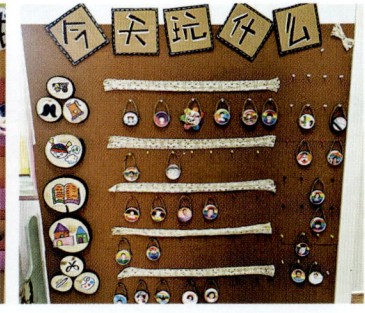

图6-2-13　进区卡（1）　　图6-2-14　进区卡（2）

（2）插卡处设置在活动区入口，设计时可采用插卡、悬挂、投放、夹夹子等形式（图 6-2-15、图 6-2-16）。

图 6-2-15　插卡处（1）　　图 6-2-16　插卡处（2）

（3）可将教室内所有活动区统一设计在一个版面上，以"今天玩什么""我的游戏计划""我的游戏我做主"等命名，用清晰明确的图示标明班级内设置的活动区，幼儿进入各自活动区游戏前，将自己的进区卡放置在版面上相应的活动区域处（图 6-2-17~图 6-2-19）。

  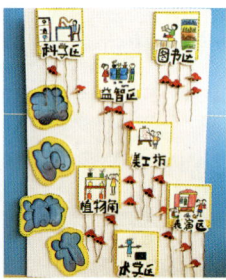

图 6-2-17　整体进卡区（1）　图 6-2-18　整体进卡区（2）　图 6-2-19　整体进卡区（3）

四、活动区壁面装饰

根据教室内活动区域位置不同，部分活动区可利用区域内壁面优势，丰富游戏内容，充分营造出活动氛围。活动区域内壁面可用与活动内容相关的纹样进行装饰，纹样典型明确，不宜过多过碎（图 6-2-20、图 6-2-21）。

图 6-2-20　壁面装饰（1）　　图 6-2-21　壁面装饰（2）

 实景再现

图 6-2-22　　　　　图 6-2-23　　　　　图 6-2-24

图 6-2-25　　　　　　图 6-2-26　　　　　　图 6-2-27

 案例分析

阅读区——三味书屋

幼儿园活动区基本环境装饰包括区域牌、活动规则、进区卡及壁面装饰。三味书屋的特色体现在入口处，教师用废旧纸箱、纸板搭建出立体的大门，镂刻出古典的窗格，用瓦楞纸表现砖瓦效果，同时凸显出纸箱本色，营造出古色古香的中国传统书屋的文化氛围。青蛙造型的进区袋设置在低处，便于幼儿插入自己的进区卡。活动区域内墙面上小怪兽的装饰也选取了与阅读主题相关的形象（图 6-2-28~图 6-2-30）。

图 6-2-28　　　　　　图 6-2-29　　　　　　图 6-2-30

 练习与实训

1. 了解班级活动区的设置，通过各种渠道搜集幼儿园常用活动区区域牌、活动规则及进区卡的图片资料。

2. 以小组为单位，为幼儿园某班级设计与制作一系列活动区区域牌和进区卡，尝试制定和绘制出各活动区规则。

第三节　活动区的创设

在进行活动区规划时，教师要根据幼儿年龄特点、能力水平、兴趣需求，结合活动主题和教育目标，对班级内所设置的活动区进行选择，统筹安排各活动区的位置，创设区域环境。

一、语言区

语言区是为幼儿提供语言素材和实践条件的场所,它以游戏化的环境和多样化的材料,满足幼儿阅读兴趣,使幼儿掌握正确的阅读方法,从而激发幼儿说话和阅读的积极性和主动性。语言区的创设,使幼儿与同伴一起阅读、听故事、讲故事,学习新词汇,愉快地开展语言游戏,享受阅读与书写的快乐,养成良好的听、说、读、写的习惯。

语言区以图书阅读区为主,常辅助以听说角、故事表演角和写作角。语言区可以开展阅读活动、听说活动、写作活动、故事表演等。

1. 区域规划与设计

语言区一般设置在教室内一角,靠近窗户,光线充足且安静。活动区要远离角色扮演区、建构区等较为吵闹的区域,采用半开放式格局,避免受到其他区域的打扰。

语言区应选择符合儿童尺寸的桌椅及书柜,较多采用书架、自制图书袋、图书篮或图书盒,放在孩子身高以下,便于幼儿自由取放图书。图书分类摆放,设计分类标签。

语言区设计要温馨而具有特色,一般采用淡雅柔和的色调。图书阅读区内采用"软环境",为幼儿营造轻松、舒适的阅读环境,让幼儿选择喜欢的阅读姿势,放松自如地与同伴游戏、交流。在地板上铺上软泡沫垫子或地毯,放入布沙发、软枕头、靠垫等,或是体型较大的玩偶,可以让幼儿靠、坐在上面。阅读区一角可增加些"私密空间",如小帐篷或纸箱,孩子可以独处阅读,不受他人干扰(图6-3-1~图6-3-4)。

图6-3-1 语言区(1)

图6-3-2 语言区(2)

图6-3-3 语言区(3)

图6-3-4 语言区(4)

图书阅读区域醒目位置应设置"好书推荐"栏目,还可以设置"亲子阅读""巧手做绘本""图书修补"等专栏。设计时各栏目色彩与风格要与整个区域相协调(图6-3-5~图6-3-7)。

  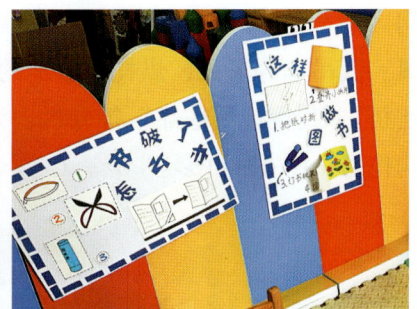

图6-3-5 "图书漂流"　　图6-3-6 "好书推荐"　　图6-3-7 "图书修补"

2.活动材料投放

（1）各类图书和卡片。图画书、绘本、杂志、画报等，无文字的或图文并茂的。图书投放数量充足，富有童趣，满足幼儿不同兴趣和发展层次，符合幼儿认知水平和欣赏、理解能力。卡片类读物，如标识标记卡、排序讲故事卡片、词语接龙卡、图文配对卡、拼字游戏卡等。

（2）其他材料。电脑、录音机、耳机、废旧电话、新书海报、亲子阅读照片、小卡片、便签纸、铅笔、水彩笔、头饰、手偶、玩偶等。

二、建构区

建构区是幼儿利用不同的建构材料，通过尝试平衡、围筑、对称等构建方法，创造出各种建筑造型和公共设施。在构建游戏中，可激发幼儿的想象力和创造性思维，培养幼儿立体和空间的感知能力。幼儿在游戏过程中与同伴协商、合作与分享，提高分工合作的意识，培养耐心而坚韧的个性品质，促进幼儿社会性发展。

1.区域规划与设计

建构区场地要宽敞平整，采用半开放式或半封闭式空间设计。尽量远离教室内人行通道，不受行走的打扰，以免造成幼儿在行走时踢到搭建好的积木。建构区域应铺设平整、有吸音功能的地毯或垫子。

建构区积木柜或储物盒用来放置各种积木和其他建构材料。积木和建构材料应摆放有序，并在相应位置上贴上材料标签（照片或图示符号），教师也可手绘积木形状，封塑或用宽胶带粘贴在玩具柜上。小班积木可按形状、质地、颜色分类摆放；中班积木可按形状、大小、长短分类摆放；大班积木可按分合形式分类摆放。游戏时幼儿可快速识别不同材料的位置，取出使用，收拾时根据图标将其送回原处（图6-3-8、图6-3-9）。

图6-3-8　建构区（1）　　　　图6-3-9　建构区（2）

建构区壁面装饰纹样与区域活动主题相关，如高楼大厦、著名建筑、建筑工地、建筑工具、大吊车等形象，烘托出浓厚的构建氛围。区域壁面上设置"搭建方法""著名建筑赏析""我设计的作品"等专栏，为幼儿提供基本构建方法和建筑图片，并展示幼儿建构作品（图6-3-10~图6-3-15）。

图6-3-10　建构区（3）　　图6-3-11　建构区（4）　　图6-3-12　建构区（5）

图6-3-13　建构区（6）　　图6-3-14　建构区（7）　　图6-3-15　建构区（8）

2.活动材料投放

（1）积木材料。大型积木、中型积木、小型积木（木质积木、塑料积木、海绵积木、纸质积木等）、轻便板材。

（2）环保材料。具有一定体积感的废旧材料和自然材料，如鞋盒、饮料盒、易拉罐、薯片筒、纸杯、纸碗、木块、竹块等。

（3）游戏道具。手推车、搬运车、小型汽车、飞机、船、人、动物、花、草、树、房子、交通标识等。

（4）其他材料。建筑图片、构建方法图片、幼儿建筑作品照片等。

三、创意美工区

创意美工区为幼儿提供了自由创作的空间，是主题教学活动重要的补充形式。幼儿自主选择各种材料进行创意，运用绘画或手工的表现形式，按照自己的兴趣和意愿完成作品，表达内心的情感。幼儿享受创作活动带给他们的快乐，可以有效缓解幼儿的负面情绪，增强幼儿自信心。美术活动还有利于幼儿手眼协调能力和小肌肉群的发展。

创意美工活动主要开展绘画活动和手工活动。绘画活动主要有油画棒画、水彩笔画、儿童水墨画、水彩画、纸版画、手指画、拓印画、滴洒画等，或运用特殊材料尝试绘制画面。手工活动是结合自然材料或废旧材料进行创意制作。有时会采用绘画与手工相结合的形式进行创意制作。

1. 区域规划与设计

创意美工区一般较为安静，采取半开放式设计，放在靠近窗户的地方，采光充足。建议靠近水源，便于幼儿洗手和清洗绘画工具。幼儿活动时穿上工作服或围裙，教师应鼓励幼儿参与美术活动的整个过程，包括准备工作和清洗工作。

创意美工区在空间设计上要宽敞些，提供宽大的工作台，区域一角可摆放画架，或在墙面上设置涂鸦区，满足幼儿对美工活动的不同需求。美工区要设置多个敞开式储物柜，将各类工具和材料按序整理、归类与摆放，并用图标标示清晰，让幼儿一目了然，方便幼儿自取。部分材料也可采用收纳箱或收纳袋储存。工作台上可放置用废弃盒类自制的收纳盒，用来分类摆放一些较为细碎的材料（图6-3-16~图6-3-18）。

图6-3-16 美工区（1）　　图6-3-17 美工区（2）　　图6-3-18 美工区（3）

美工区域内应提供作品展示墙或展示台。墙面较高处为艺术欣赏区，展示优秀作品图片、画册或工艺品，教师定期更换不同类型和风格的艺术作品，如中国画、油画、插画、版画、设计等作品，或剪纸、泥塑、皮影等工艺品，提高幼儿鉴赏与审美能力。墙面上适当为幼儿提供点、线构成的图形，可供幼儿参考，也可以粘贴或悬挂幼儿美工作品。幼儿作品展示墙和展示台一般设计在低处，孩子在完成作品后，鼓励幼儿自己将劳动成果粘贴在作品墙或摆放在展台上，能让幼儿获取成功的喜悦，激发创作的愿望（图6-3-19~图6-3-21）。

图6-3-19 作品展示（1）　　图6-3-20 作品展示（2）　　图6-3-21 作品展示（3）

2. 活动材料投放

由于儿童对颜色、质地、形状和设计着迷，美工活动材料尽可能提供得丰富多样，通过各种创意活动吸引儿童，鼓励他们尽情发挥。不同年龄阶段的幼儿在使用工具和材料的能力上存在差异，所以提供工具和材料时要考虑幼儿年龄特点和实际能力，并定期更换和添加新材料。

（1）纸张类。图画纸、彩色卡纸、海绵纸、瓦楞纸、皱纹纸、即时贴、玻璃纸、牛皮纸、复印纸、宣纸、高丽纸、包装纸、报纸、广告纸、折纸用纸等。

（2）画笔类。铅笔、水彩笔、油画棒、炫彩棒、色粉笔、蜡笔、彩色铅笔、记号笔、马克笔、荧光笔、毛笔、水粉笔、排刷等。

（3）颜料类。水彩颜料、水粉颜料、丙烯颜料、墨汁等。

（4）工具类。调色盘、笔桶、橡皮、尺子、安全剪刀、花边剪刀、泥塑刀、镊子、订书机、打孔机、压花机等。

（5）粘合材料。白乳胶、海绵胶、双面胶、透明胶带、胶水、固体胶棒等。

（6）创意材料。超轻粘土、橡皮泥、陶泥、不织布、棉布、玻璃纱、麻绳、棉绳、彩色纸绳、毛根、丝带、软铅丝、棉花、海绵、泡沫、纽扣、吸管、羽毛、毛绒球、夹子、树皮、树枝、树叶、干花、贝壳等。

（7）废旧物品类。纸杯、纸碗、纸盘、纸盒、纸筒、纸箱、卫生纸芯、易拉罐、饮料盒、饮料瓶、瓶盖、蛋壳、牙刷、纱网等。

（8）清洁用品类。工作服（小围裙）、抹布、笤帚、簸箕、水桶等。

四、益智区

益智区有时也称"益智操作区"，区域活动以桌面益智游戏为主，活动内容与动手、动脑解决问题有关，在幼儿思维和操作能力的发展上具有竞争性和挑战性。通过空间思维和逻辑思维活动，在游戏中探索问题解决方法，促进幼儿智力发展。

不同年龄层次和性别的幼儿，活动内容和难易程度有所不同。小班幼儿以动手操作为主，如穿带子、扣纽扣等；中、大班幼儿则以培养孩子的观察、记忆、思考、推理和解决问题的能力为主，如拼图、棋类游戏等。益智区可开展扣扣子、穿珠子等操作游戏，或开展迷宫、棋牌游戏等益智游戏，也可开展配对、排序等数学活动。

1. 区域规划与设计

益智区宜设置在安静角落，采用半封闭式格局，要避免与吵闹区域相邻，有利于幼儿专心思考。

益智区玩具、材料要分类放入材料盒或材料筐，有序摆放在储物柜中，在材料盒和储物柜相应位置上贴上材料照片或手绘图示（图6-3-22、图6-3-23）。

图6-3-22 益智区（1）

图6-3-23 益智区（2）

2. 活动材料投放

（1）图形类。七巧板、拼图、分类卡、接龙卡等。

（2）数学类。数字卡、排序卡、计数卡、钟表、串珠、迷宫等。

（3）棋牌类。飞行棋、跳棋、象棋、围棋、扑克牌等。

（4）益智玩具。魔方、连环套、拼插玩具、组合玩具等。

（5）其他玩具。喂豆豆、扣纽扣、系鞋带、穿珠子、自制玩具等。

五、角色扮演区

角色扮演区是幼儿最喜欢的活动区域之一，幼儿根据自己的兴趣和意愿选择角色，通过模仿与想象，扮演不同角色，体验生活或职业特色。幼儿根据生活经验，模拟成人生活，满足幼儿学习社会生存，增强为他人服务的体验，语言能力和沟通技巧也得到提升。

1. 区域规划与设计

角色扮演游戏受到大多幼儿的喜爱，要根据活动人数和活动特点，提供较大的空间满足幼儿活动需求。角色区尽量远离教室内其他安静区域。

角色扮演的场景都是贴近幼儿生活的，小班角色区适宜以家庭生活为主题，中、大班角色区适宜以社会生活、不同职业为主题。娃娃家适合所有年龄层次的幼儿，并受到孩子们的喜爱，每个班级都可以开设。此外，常设的角色区有超市、果蔬店、餐馆、甜品屋、饮品店、机场、火车站、加油站、汽车修理店、医院、银行、邮局、美发店、花店、乐器店、健身房、旅行社、露营地等（图6-3-24~图6-3-27）。

图6-3-24 甜品屋

图6-3-25 娃娃家

图6-3-26 茶艺坊

图6-3-27 照像馆

角色扮演区在环境装饰上要营造出浓厚的氛围，使幼儿身临其境，有利于幼儿对角色的投入，满足他们操作的欲望。首先根据活动流程合理分割空间大小，安排区域内家具、设备、物品的摆放位置，注意活动通道的流畅性。例如，餐馆在流程上设有点餐处、加工间和就餐区，注意其合理的位置分布。其次，根据区域内空间功能不同制作标识牌，壁面纹样装饰和色彩要体现环境和职业特点。再次，根据设定的角色或职业，自制服装和角色牌。角色牌通常以头饰、胸牌等形式进行制作。例如，小医院角色区要根据看病的流程来设计区域内的空间，以蓝色、绿色或粉色作为小医院的主色调，制作挂号处、收费处、药房、门诊室等标识牌，以及医生、护士、病人等角色服装和角色牌（图6-3-28~图6-3-32）。

图6-3-28　烙馍村墙饰　　　图6-3-29　烙馍村操作间　　　图6-3-30　烙馍村就餐区

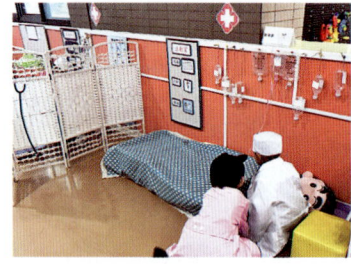 

图6-3-31　小医院（1）　　　图6-3-32　小医院（2）

2. 活动材料投放

角色扮演区内角色用品和材料投放要非常丰富充足，具有针对性和可操作性。根据幼儿年龄特点，小班宜投放成型玩具，种类少数量多，中、大班宜投放半成品、废弃材料和低结构玩具，种类多样，勤于更换，激发幼儿创造力。同时，要注意运用图示标签进行材料的归类和整理（图6-3-33~图6-3-35）。

图6-3-33　角色区材料（1）　　　图6-3-34　角色区材料（2）　　　图6-3-35　角色区材料（3）

（1）娃娃家。包括卧室、客厅、厨房等。儿童型成品家具或废旧材料仿制家具、家电，如小床、衣柜、桌椅、沙发、小帐篷、电视机、冰箱、电话等。两种性别的娃娃、奶瓶、洗澡盆、小推车、各种生活用具、厨房用品等。

（2）餐馆。包括烹饪区、食材加工区、就餐区。炉灶、冰箱、厨师帽、围裙、烹饪用具、调味罐、食材（自制成品或半成品、制作材料）、桌椅、收银机、电话、壁面菜谱、点菜本、铅笔、餐具、餐巾、托盘、抹布等。

（3）医院。包括挂号处、收费处、药房、门诊室、注射室等。桌椅、床、白大褂、护士帽、口罩、手套、挂号牌、收银机、药盒、听诊器、体重计、纱布、棉签、空药瓶、玩具针筒等。

（4）超市。包括收银区、日常用品区、食品区、玩具区等。货架、工作服、收银机、玩具钞票、价格标签、购物车、购物篮、日常用品、食物、饮料、玩具等。

（5）美发店。座椅、围裙、美发围布、毛巾、镜子、吹风机、加热罩、剪刀、梳子、发型图片、发型书、头饰、皮筋、洗发液、护发素等。

（6）银行。包括业务区、自助取款区、休息区。桌子、取号台、叫号单、银行卡、存折、取款单、玩具钞票、计算器、笔、自助取款机等。

（7）邮局。邮筒、制服、信封、明信片、邮票、印章、印泥、纸、铅笔、玩具钞票等。

六、科学探索区

科学探索区是幼儿进行科学活动的区域，能满足幼儿好奇心和探索欲望，培养幼儿思维能力和操作能力，具有认知性、操作性、探究性等特点。在科学区内，幼儿反复观察、实验，可以探索自然科学、物理科学和生命科学的奥秘，了解和发现各种有趣的现象，认识和掌握相关科学知识，培养客观、严谨的科学态度。

1. 区域规划与设计

科学探索区活动空间较大，可以安排在走廊或临近窗户的地方，保证充足的采光。区域可以细分为自然角、标本区、科学操作区等，根据班级实际情况也可以有选择性地设置。

自然角可采用开放式布局，分为土培区、水培区、沙培区、动物养殖区。设置标识牌，将花草、蔬菜及小动物，如水仙花、小豆苗、小白菜、金鱼、小蝌蚪等分别归类放置到相应区域。幼儿对动植物进行细致观察，了解其生长特点或生活习性，记录动植物成长日记（绘画形式）。布置时注意层次和错落感，用废弃材料自制花盆，可增强观赏性和趣味性（图6-3-36~图6-3-40）。

图6-3-36 自然角（1）

图6-3-37 自然角（2）

图6-3-38 自然角（3）

图6-3-39 自然角（4）

图6-3-40 自然角（5）

标本区收集一些动植物标本，如昆虫标本、树叶标本、种子标本、岩石标本、化石等，开阔幼儿视野，增长幼儿知识。

科学操作区采用半开放式布局，区域内有操作台和架子。架子上分类摆放科学设备或自制科学玩具（图 6-3-41）。

科学探索区壁面装饰图形与主题内容相一致，可以设计成太空宇宙、海洋世界、森林探险等不同主题，让幼儿感到神秘而有趣（图 6-3-42）。

图 6-3-41　科学操作区

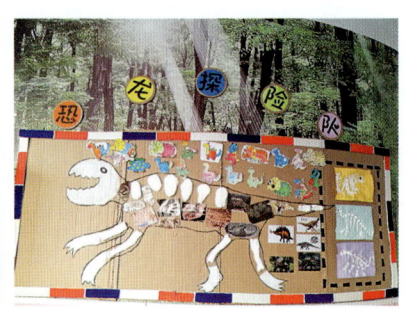
图 6-3-42　科学探索区

2. 活动材料投放

（1）自然角。适宜投放无毒、无刺、生命力强、有观察性强的植物、蔬果，如牵牛花、水仙、绿萝、吊兰、含羞草、豆苗、西红柿等。饲养动物选择体积小、易于饲养的金鱼、乌龟、蝌蚪、蚕等。种植工具，如洒水壶、铲子、捕虫网等。还有动植物挂图、动植物生长过程图、幼儿观察日记、人体器官图谱等。

（2）标本区。种子、果实、树叶、羽毛、昆虫、贝壳、岩石、化石等。

（3）科学操作区。包括与光、电、水、空气等有关的实验工具。光材料，如放大镜、平面镜、凹凸镜、三棱镜、显微镜、望远镜等。电磁材料，如磁铁、铁片、曲形针、玻璃、木条、纸片、铜丝、电池等。力学材料，如降落伞、陀螺、天平、各种质地砝码、量杯、盛水器皿、木块、石块、玻璃、金属、塑料、泡沫、棉花等。

七、表演区

表演区的活动丰富多彩，幼儿自娱自乐，可以进行音乐欣赏、歌舞表演、打击乐演奏、童话剧表演、服装秀等，也是木偶戏或皮影戏的表演场所。幼儿可以自制服装、头饰、道具进行表演，发挥丰富的想象力，在与同伴的合作中获取快乐。

1. 区域规划与设计

表演区比较热闹，规划时要和安静区域分开。表演区可以根据班级空间的实际情况来调节区域大小。

表演区可细分售票处、化妆区和舞台区。通过布、珠光沙、彩纸条、闪光纸等材料来装饰区域环境，选择与音乐、舞蹈相关的图形装点舞台，色彩配置可以强烈些，营造出活泼、个性的舞台氛围（图 6-3-43~图 6-3-46）。

2. 活动材料投放

（1）音像设备。录音机、录音笔、磁带（故事、儿歌、音乐）。

（2）乐器类。碰铃、手铃、响板、铃鼓、三角铁、沙锤、木鱼、笛子、锣、手鼓、腰鼓、废旧物自制乐器等。

（3）服饰类。成品或自制服饰，如动物服装、民族服装、戏曲服装、创意服装、帽子、头饰、头花、面具、项链、手环等。

（4）道具类。手偶、木偶、皮影、扇子、绸带、纱巾、手绢、自制道具等。

（5）其他类。剧目牌、收银机、玩具钞票、镜子、梳子、化妆品等。

图6-3-43　表演区（1）

图6-3-44　表演区（2）

图6-3-45　表演区（3）

图6-3-46　表演区（4）

实景再现

图6-3-47

图6-3-48

图6-3-49

图6-3-50

图6-3-51

案例分析

国外幼儿园儿童阅读区案例

早期阅读对人的成长进步起着重要的作用，是幼儿增长知识、开阔眼界和陶冶情操的有效方法，对孩子一生的发展将产生深远的影响。想要激发孩子们的读书兴趣，一个具有个性并且充满趣味的阅读角是不错的选择。在国外幼儿园中不需要太大的空间，教师们往往会脑洞大开，发挥创意，巧妙运用一些特殊材料，就能为孩子打造出梦幻般的专属阅读区。阅读区适宜选用蓝、紫、绿等冷色调或白色、粉色等，营造清新淡雅的阅读氛围。在阅读区铺上地毯、软垫，摆上书籍，孩子们就可以尽情享受读书的乐趣啦。

图 6-3-52　　　　　图 6-3-53　　　　　图 6-3-54

 练习与实训

1. 选取幼儿园某一活动区优秀案例，分析区域特点、装饰设计要点和材料投放情况。

2. 以小组为单位，联系幼儿园实习班级，根据班级实际情况和活动主题要求，科学布局与设计，合理投放区域材料，完成某一活动区的创设。

 拓展链接

幼儿园建构区壁面装饰参考图例

图 6-3-55　　　　　图 6-3-56　　　　　图 6-3-57

图 6-3-58　　　图 6-3-59　　　图 6-3-60　　　图 6-3-61

模块七
幼儿园玩教具
制作

【本模块概要】
本模块主要介绍幼儿园玩教具的作用,设计制作时材料及使用的方式。详解介绍了不同材料制作而成的玩教具,重点介绍在不同领域设计的方法和注意点。

【本模块学习目标】
1. 了解幼儿园各种玩教具的主要功能。
2. 掌握幼儿园玩教具的设计要点。
3. 了解幼儿园领域课程中玩教具的制作方法和使用要点。

第一节　玩教具概述

游戏是幼儿园课程的一种呈现方式，幼儿通过游戏认识世界、探索世界。玩具就是游戏和幼儿身心发展的桥梁，幼儿通过玩具学习知识、感受世界、懂得道理。为幼儿提供适当的玩具，是每一位幼儿园教师的责任。

一、玩具的起源和发展

玩具的历史源远流长。经考证发现，距今1万年前的新石器时代，就已经出现了原始的陶制玩具。在漫长的人类社会发展历程中，玩具始终伴随人们左右，其发展亦与社会经济、科学技术、文化艺术、生活质量发展水平以及不同地区、民族的风土人情息息相关。无论在埃及、希腊，还是在中国或罗马，都出土了不少古代时期的玩具。例如，考古学家在3500年前的埃及古墓中就发现了由黏土、木头、兽骨、象牙等材料制成的"玩偶"。大汶口遗址出土的5000年前的中国第一套玉制玩具、第一套几何玩具"跑马岭梯形石"，在半坡遗址发现的陶球和石球，在河姆渡遗址发现的陶猪、陶羊、石陀螺、房屋模型玩具……这些玩具都体现了古人的聪明才智与创造力，显示出古人的娱乐心理需求和表达自我的意愿。

我国玩具发展的历史源远流长，古代的拨浪鼓、面人、兔儿爷，20世纪30年代的镀锡铁皮玩具、兵器玩具，20世纪50年代的七巧板，20世纪60年代的铁皮玩具，20世纪80年代的结构玩具，20世纪90年代的声控、光控、电控玩具，直至2000年以来的计算机游戏……每一件玩具的背后都有一个动人的故事，都蕴含着一个民族的历史文化、风俗民情以及传统艺术，都见证了当时中国历史的文化发展。

玩具的起源和发展历史表明，人们创造玩具不仅仅是为了娱乐幼儿，更重要的是为了帮助他们学习和掌握生产生活技能。玩具承载着成人对儿童的期望、教育的意图、价值观和社会文化习俗等内容。

二、从玩具到玩教具

在幼儿园情境中探讨玩具、游戏与教育过程中，我们首先要对玩具、教具和学具几个概念进行梳理和区分。

1. 玩具

玩具泛指幼儿在生活环境中自行操作的把玩物，没有特定的教学目标需要，而是幼儿依据自身意愿主动与之互动、操作。借助玩具的学习是由幼儿自身通过在生活环境中的自我探索、自我发现、自我学习而产生的，其主导者是幼儿自己，学习成效是非预设性的开放性成果。

2. 教具

教具专指教师为了教学目的的需要，特别设计或者应用某种实体材料来传达特定的理念或者概念。该材料在教学过程中由教师自行操作使用，是用来协助说明或传递知识的教学工具，此时幼儿扮演信息接收者的角色。因此，教具的主导者和使用者都是教师个人，而接收者（幼儿）可以是个人，也可以是小组或团体（因此，许多教具在尺寸上可能会放大，以便幼儿能观察到细节）；教具提供的学习效果大多是教师预设的较封闭的知识目标。例如，幼儿园进行集体教学时，教师亲自操作使用的解说对象、挂图、模型等，都属于教具范畴。

3. 学具

学具泛指教师从特定教学目标出发，并考虑通过操作体验来丰富幼儿的学习经验，因而特别设计或安排某些可能产生特定教学功能的实体材料，将之放置于幼儿可操作的特定位置，由幼儿自行操作，从而达到既定教学目标。此种"学具"是教师依照自己预设的目标而设计、制作或选用，提供给幼儿进行互动、学习的，但幼儿的操作通常不一定需要教师直接指导，可任由幼儿依其自身兴趣自由选择，个人或小组自行操作，自主建构形成个性化的概念或知识。学具的学习成效是教师和幼儿共同控制的半开放性成果，例如，幼儿园里的学习区角，所提供的操作材料多属于此范畴。

玩具、教具、学具在幼儿园的教育中都有运用，三者之间有着明显的区分，但是在特定的条件下，三者是可以互相转换的。

三、玩具的分类

在幼儿玩具制造和制作方面，玩具开发商和幼儿园老师力求做到：操作化，即能供幼儿自己动手操作；科学化，即集声、光、电、磁等原理于玩具制造中，以启迪幼儿的好奇心；个性化，即给幼儿提供多种多样的边角用料、自然材料、废旧材料等，鼓励幼儿根据自己的想象动手制作自己喜欢的玩具。面对种类繁多、千姿百态的各种玩具，我们可从以下四个不同的角度进行分类。

1. 按玩具适用的年龄特点分类

玩具并非婴儿的专属，各个年龄阶段的人都可以玩玩具，也有各自的特点。根据玩具的消费对象不同，玩具可以分为婴幼儿玩具、少儿玩具、青少年玩具、成人玩具、老年人玩具等。

2. 按玩具功能分类

按照功能分类是一种最常见的分类方式。不同的学者对此的理解会有所不同。从教育实践与教育形式的角度，可将幼儿园配备的玩具分为运动类玩具、角色类玩具、建构类玩具、益智类玩具、科学探究类玩具、美劳类玩具、表演类玩具。

3. 按玩具的材质特点分类

按玩具制作所使用的主要材料进行分类，便于了解玩具的安全性、适龄性、材料可获得性。对于玩具的设计、制造者来说，可提供关于玩具材料的参考依据；对于玩具的使用者来说，也是开展教育指导的参考。主要可分为金属玩具和非金属玩具。金属玩具主要有铁质玩具、铝合金玩具、铜制玩具等。非金属玩具主要有竹木玩具、塑料玩具、橡胶玩具、布绒玩具、皮毛玩具、陶瓷玩具、泥玩具和纸玩具等。

4. 按照玩具本身的结构特点分类

从玩具本身的特点出发进行分类，这种分类方式会有不同的称谓，如"高真实性玩具"和"低真实性玩具"，"高结构性玩具"和"低结构性玩具"，"成型玩具"和"未成形玩具"等。但这些分类方式的具体指向性比较一致。高真实性玩具、高结构性玩具、成型玩具主要指一些玩法和功能比较固定的玩具，而低真实性玩具、低结构性玩具、未成型玩具则指的是玩法不确定、开放式，幼儿可以根据自己的想法自由使用的玩具。在幼儿教育情境中，低结构性玩具更能培养儿童的动手和思维能力，对教师的指导水平提出了更高的要求。

四、幼儿园玩教具设计制作的原则和方法

幼儿园玩教具的制作分为设计和制作两个基本环节。设计是指对玩教具有整体的构思，并用图示的形式画出来，设计时应考虑到教育性、科学性、趣味性、实用性、操作性、耐用性、参与性、互动性、参与性、环保性、安全性等基本原则。制作时应根据图纸的设计进行剪裁、加工，把平面的设计图纸变成立体的可触摸的玩具。

（一）幼儿园玩教具设计的原则

1. 教育性

玩教具的设计应符合《幼儿园教育指导纲要（试行）》的基本精神，要能够体现和辅助幼儿园课程。在制作前，教师要考虑教玩具的用途，融入教育理念进行设计。同时要考虑幼儿的年龄特征，从不同年龄段幼儿的实际能力出发，满足不同幼儿的需要（图7-1-1、图7-1-2）。

2. 趣味性

玩教具的对象是幼儿，幼儿的学习特点是兴趣。因此在制作教玩具的时候，色彩、造型和功能上都应符合幼儿的审美情趣，激发幼儿的探索欲，让玩教具既好玩又好看（图7-1-3、图7-1-4）。

图7-1-1 玩教具（1）　　图7-1-2 玩教具（2）　　图7-1-3 玩教具（3）　　图7-1-4 玩教具（4）

3. 可玩性

自制玩具能够激发幼儿的兴趣，为幼儿的主动探索提供条件。因此，幼儿的玩教具最好是灵活多变的、可拆可拼的。玩具可以是实物的，也可以是图片的、符号的，还可以是成品的或半成品的。教师要为幼儿制作操作性强、富于变化、功能明确、多种用途的玩教具（图7-1-5、图7-1-6）。

4. 参与性

教玩具的制作过程本身就是幼儿学习的过程。教师应将幼儿融入玩教具的制作活动中，充分发挥玩教具的设计、制作的教育意义。参与性可以从材料的收集，玩教具的设计、制作和使用四个方面体现（图7-1-7、图7-1-8）。

第二节　幼儿园玩教具制作材料

教师在教学过程中所使用和制作的玩教具随着社会的进步在不断变化。在材料的选择上往往是就地取材，选择方便获得的材料进行制作。对于材料的外表、质地等特征并不是教师最关注的，而是这个材料是不是适合他的游戏，是不是方便使用。自制玩具的材料选择更注重的是老师的需求和幼儿的兴趣。

一、自然材料类

大自然是我们获取材料的天然宝库，在这里我们有取之不尽、用之不竭的资源。自然界中的沙、石、土壤、树枝、树叶、竹子、稻草、贝壳、珊瑚、瓜、果、蔬菜等材料，天然、安全、卫生，是提供给孩子最好的材料。这些材料的提供也增加了幼儿探索自然、热爱自然的情感，这对幼儿的成长有着非常重要的作用。

1. 壳类制作玩教具

各种动植物的壳是制作各种玩教具的好材料。在使用时不管是植物的果壳还是动物的壳，都应把内部的果实清理干净，防止腐蚀，延长保存时间（图7-2-1、图7-2-2）。

图7-2-1　壳类玩教具（1）

图7-2-2　壳类玩教具（2）

2. 蔬果制作玩教具

蔬菜水果的使用方法多样，是常用的玩教具材料。蔬果源于生活，受到季节的限制，不同的季节会有特色的蔬果供教师们选择。我们可以利用蔬果特殊的纹理进行拓印；可以利用水果的外形特点进行造型联想；可以利用水果鲜艳的颜色进行创意设计。蔬果的运用形式多样、造型生动、创意无限，是老师们制作教玩具的好帮手（图7-2-3、图7-2-4）。

图7-2-3　蔬果玩教具（1）

图7-2-4　蔬果玩教具（2）

3. 其他材料制作玩教具

木桩、树枝、竹子、树叶、葫芦等都是自然界中常见的自然材料，充分利用其形状、质地、色彩的特点都可以产生意想不到的效果（图7-2-5~图7-2-10）。

图7-2-5　木桩玩教具　　图7-2-6　竹子玩教具　　图7-2-7　木板玩教具　　图7-2-8　草绳玩教具

图7-2-9　石块玩教具　　　　　　　　图7-2-10　陶土玩教具

二、废旧物品类

废旧物品是指我们已经使用过的物品，在此基础上进行二次加工制作。这种材料在我们生活中随处可见、种类繁多，是制作教玩具的好东西。教师要做一个有心人，给幼儿讲授资源再利用的环保理念，帮助幼儿对废旧物品进行收集，共同成立一个"百宝箱"，以备使用。

1. 餐具类制作玩教具

餐具类废旧物包含杯、碗、盘等形式。材质上有纸、塑料、泡沫、不锈钢、陶瓷等。不同的形状、不同的质地，表现的方法也各有差异（图7-2-11~图7-2-13）。

图7-2-11　餐具类玩教具（1）　　图7-2-12　餐具类玩教具（2）　　图7-2-13　餐具类玩教具（3）

2.瓶类制作玩教具

瓶子是我们生活中随处常见的一种材料。从质地上分，瓶子可分为可以改变外形的和不能改变外形两种。形状上有高、有矮、有胖、有瘦、有方、有圆。利用每种瓶子的特点可以制作多种玩教具，如各种体育类的器械、乐器、玩偶、棋等（图7-2-14~图7-2-16）。

图7-2-14 瓶类玩教具（1）　图7-2-15 瓶类玩教具（2）　图7-2-16 瓶类玩教具（3）

3.盒、箱类制作玩教具

各种纸盒、箱子是我们最容易收集的材料。不同大小、形状的盒子是我们再次利用的材料。对于不同大小的纸箱，我们的用途也各不相同，大号的纸箱可以用作区角的家具用品；小的纸箱可以做积木的拼搭、小玩具的制作等。这些是我们区域教学的一部分，也是幼儿游戏的工具（图7-2-17~图7-2-22）。

图7-2-17 盒、箱类玩教具（1）　图7-2-18 盒、箱类玩教具（2）　图7-2-19 盒、箱类玩教具（3）

图7-2-20 盒、箱类玩教具（4）　图7-2-21 盒、箱类玩教具（5）　图7-2-22 盒、箱类玩教具（6）

4.纸质材料制作玩教具

报纸、牛皮纸、信封、纸袋和生活中的各种包装袋，收集方便，安全卫生。也是非常好用的材料。根据各种纸质品的特点，我们可以制作成体育教具，可以进行创意服装的设计，还可以进行教室环境的布置。各种信封纸袋可以变身成各种人物、动物、建筑物等造型（图7-2-23~图7-2-27）。

图7-2-23　纸质材料玩教具（1）　　图7-2-24　纸质材料玩教具（2）

图7-2-25　纸质材料玩教具（3）　　图7-2-26　纸质材料玩教具（4）　　图7-2-27　纸质材料玩教具（5）

5.布质材料制作玩教具

做衣服剩下的布头、织毛衣剩下的毛线等一切与布相关的材料也受到幼儿的喜爱。根据布料的质地和颜色的不同可做出区角使用的教具，如各种食物、数数的玩具、配对的玩具等。布经过缝合后特别结实，耐用性强，是幼儿园实用的玩教具（图7-2-28~图7-2-30）。

图7-2-28　布质材料玩教具（1）图7-2-29　布质材料玩教具（2）　图7-2-30　布质材料玩教具（3）

6.其他废旧材料制作玩教具

管子、纸筒、费碟片、废旧球、旧帽子、旧衣服、旧轮胎等在我们生活中非常多见。利用他们，可以制作出各种玩教具，也可以进行游戏及环境的装饰。如利用废旧帽子、雨靴改造成换盆；利用各种管子做成体育器械；利用旧碟片剪切做成各种形象等（图7-2-31~图7-2-39）。

图 7-2-31　废旧材料玩教具（1）　图 7-2-32　废旧材料玩教具（2）　图 7-2-33　废旧材料玩教具（3）

图 7-2-34　废旧材料玩教具（4）　图 7-2-35　废旧材料玩教具（5）　图 7-2-36　废旧材料玩教具（6）

图 7-2-37　废旧材料玩教具（7）　图 7-2-38　废旧材料玩教具（8）　图 7-2-39　废旧材料玩教具（9）

三、幼儿园玩教具材料的收集

自制材料的收集仅仅靠老师来收集是不够的，教师是引导者和组织者。应积极发动幼儿和家长参与到材料收集的队伍中。教师可以利用以下办法：

1. 计划收集

在刚开学时根据课程的规划，列出材料收集清单，请家长根据清单上的要求，将所需要的材料交给老师。此种方法需要家长的高度配合，刻意去收集或者购买一些物品，配合教师的教学需求。

2. 随时收集

幼儿园在园区的醒目位置设置材料收集区，家长根据不同材料的收集点将日常生活中的废旧物品放入其中。此种收集方式不要求家长刻意去收集，将家里随手扔掉的废旧物品送到幼儿园相应的位置就可以了。

3. 定时收集

根据不同节日和活动要求请家长配合教师进行材料收集。如寒假之后收集过年时使用的红包、窗花等；元宵节过后收集花灯；夏天过后收集各种饮料瓶；秋天的时候收集各种树叶、种子等。

教师要对收集上来的废旧物品进行筛选、清洗和分类，以便使用。在教玩具的制作过程中，教师应充分发挥主观能动性，既注重选择当地特色的材料，又要满足个性化的需求，同时还应考虑高新技术的应用，与时俱进。在不断探索中，满足幼儿课程和游戏的需要（图7-2-40~图7-2-42）。

图7-2-40　材料收集箱（1）　　　图7-2-41　材料收集箱（2）　　　图7-2-42　材料收集箱（3）

 实景再现

图7-2-43　　　　　　图7-2-44　　　　　　图7-2-45　　　　　　图7-2-46

 案例分析

将二十四节气的基本特征归纳总结，以课程设计的方式渗入到日常教学是一种非常好的教学设计方式。学生利用不同节气的特征制作了不同形式的二十四节气作品，其中都渗透着教师利用身边的材料进行玩教具制作的方式。以此为引导，让幼儿在环境的熏陶下，进行知识的学习。这一过程中，知识的讲解、技能的练习、美感的提升、创造力的开发都得到了锻炼。

图7-2-47　　　　　　　　　　　　　图7-2-48

图 7-3-13　建构类玩教具（1）　　图 7-3-14　建构类玩教具（2）　　图 7-3-15　建构类玩教具（3）

四、益智类玩教具的制作

益智类玩教具制作是使玩教具的使用起到学习知识、发展智力的作用。益智类的玩具主要有幼儿感知觉玩教具、记忆类玩教具、想象类玩教具等。有趣的玩教具促进游戏的开展，增进幼儿学习兴趣。益智类玩教具可以分为棋类玩教具、迷宫玩教具、配对类玩教具。

棋类玩教具的内容比较丰富，从传统的象棋、军棋、五子棋、华容道，到围绕生活开展的交通棋、环保棋、故事棋等，以及教师根据教学主题活动制作的各种棋类都可以。在玩的过程中，要制定相应的游戏规则，如人数的规则、扔骰子规则、奖惩规则等。这些规则可以培养幼儿的认知能力、记忆能力和思维能力。

迷宫玩教具可以分为平面迷宫、立体迷宫和仿真迷宫。三种迷宫设置所使用的材料不同，操作过程不同，对幼儿各方面的发展作用也有所不同。平面迷宫只要使用平面的纸或者板，做出各种隔断，幼儿可以用手指或者小棒滑动走迷宫。在这个过程中，培养幼儿的观察力、记忆力、思维能力及动作的灵活性。仿真迷宫让幼儿身临其境地去感受，更能够激发幼儿的兴趣和活动的积极性。

配对类玩教具是将不同形状、不同色彩的几何形或简单的画面根据幼儿的年龄特点剪成 3~8 块，供幼儿将颜色和形状配对放在相应的区域内。配对还可以延伸至数量的配对、形状的配对、职业的配对等（图 7-3-16~图 7-3-21）。

图 7-3-16　棋类玩教具　　图 7-3-17　迷宫玩教具　　图 7-3-18　配对类玩教具（1）

图 7-3-19　配对类玩教具（2）　　图 7-3-20　配对类玩教具（3）　　图 7-3-21　配对类玩教具（4）

五、科学类玩教具的制作

幼儿有问不完的"为什么",自然界丰富多彩的事物和现象吸引了幼儿去探究、观察与探索,科学类玩教具的制作满足了幼儿这个方面的需求。

科学玩教玩具包含了自然知识和科学探索的内容。自然区角植物的种植、小动物的养殖都是幼儿喜爱的形式,根据简单的原理制作的科学小玩具,对自然现象的观察与记录都是建立幼儿良好学习兴趣、培养探究意识的好方法。

在材料的选择上要注重趣味性,科学性再强,如果没有趣味,激发不了幼儿学习的兴趣。投放的过程中玩具的材料可以成品和半成品的结合,让幼儿在自我探索中不断进步(图7-3-22~图7-3-24)。

图7-3-22 科学类玩教具(1)　　图7-3-23 科学类玩教具(2)　　图7-3-24 科学类玩教具(3)

六、语言类玩教具的制作

语言类游戏是幼儿语言学习的重要方式,为幼儿营造一定的环境,制造相应的语言玩具,让幼儿借助玩教具的操作更加积极地投入到环境中,提高幼儿的学习效率。

语言类玩教具的制作主要集中在舞台表演中所用到的玩教具。在故事表演时,教师可以和幼儿一起制作故事情节中人物的服装、道具,让幼儿融入故事情节中,让幼儿以操作材料为媒介,创造性地讲述故事、改编故事、续编故事,提高幼儿的语言技巧。在木偶剧表演时,可以让幼儿选择操作简单的布偶、牵线木偶、手指偶等。幼儿和老师共同制作,设计舞台背景,提高动手能力(图7-3-25~图7-3-33)。

图7-3-25 语言类玩教具(1)　　图7-3-26 语言类玩教具(2)　　图7-3-27 语言类玩教具(3)

图7-3-28 语言类玩教具(4)图7-3-29 语言类玩教具(5)图7-3-30 语言类玩教具(6)

图 7-3-31　语言类玩教具（7）　　图 7-3-32　语言类玩教具（8）　　图 7-3-33　语言类玩教具（9）

 实景再现

图 7-3-34　　　　　　　　　　图 7-3-35

图 7-3-36　　　　　　图 7-3-37　　　　　　图 7-3-38

 案例分析

在幼儿园的角色体验区中，需要教师布置幼儿熟悉的内容，并适合幼儿操作。此教师以家乡特色"盱眙龙虾"为主题进行创作，设计时巧妙地运用了各种一次性的杯、碗、盘、碟、纸箱、纸盒、超轻粘土等材料进行制作，内容全面，涉及龙虾馆的各方面：整体品牌理念设计，处处体现出龙虾这一主题；在收银机上放上了招财猫，桌上的牌子是不同的龙虾造型；空间设计上有厨房、用餐区、结账吧台、自助吧台；服务员的服装设计上用到了海绵纸加龙虾元素。这个设计体现了自制玩教具的优势，既体现了地方特色，又可以让幼儿参与其中，并生动有趣。

图 7-3-39　　　　　　　图 7-3-40　　　　　　　图 7-3-41

图 7-3-42　　　　　　图 7-3-43　　　　　　图 7-3-44　　　　　　图 7-3-45

 练习与实训

1. 根据自己的兴趣点，设计教学活动，并为此节活动设计制作玩教具。
2. 利用制作的玩教具进行活动实施，并总结此种玩教具的优缺点。

模块八
幼儿园特色环境
的打造

【本模块概要】

本模块主要介绍幼儿园中特色环境的打造,包括中国传统文化艺术特色环境、地域特色环境、地方特色环境及农耕特色环境,介绍相关特色环境设计与装饰的方法,展示部分幼儿园的特色环境成果。

【本模块学习目标】

1. 了解特色环境在现代幼儿园空间设计中的实际运用。
2. 学会提取典型视觉元素,掌握幼儿园特色环境装饰设计和制作方法。
3. 充分挖掘有效资源,巧妙利用各类资源,创设出具有独特风格的幼儿园环境。

第一节 传统文化艺术特色环境

一、基本概述

中国传统文化、艺术具有鲜明的民族特色，历史悠久，博大精深，它以其独有的特点存在于儿童的社会生活和家庭生活之中，对于幼儿教育具有不可替代的重要价值。幼儿园创设传统文化、艺术特色环境，是幼儿了解中国传统文化和艺术，感受传统魅力的重要途径。教师应该以幼儿发展为目的，深入挖掘传统文化、艺术资源，在环境创设中潜移默化地植入民间艺术、民间文学、民间游戏、音乐戏曲、中华武术、民风民俗、饮食茶艺等文化元素，将环境和幼儿园课程、幼儿一日生活环节巧妙融合，以浓郁的艺术氛围给予幼儿传统文化的濡染和熏陶。传统文化艺术特色环境对于弘扬民族精神，传承民族文化以及促进幼儿身心和谐发展都发挥着重要作用。让幼儿在积极美好的环境中受到熏陶。

幼儿园打造具有浓郁传统文化特色的公共区域环境可以从很多方面入手。一所以传统文化教育为办园特色的幼儿园，公共区域环境一定是突显传统文化课程特色的，遵循"幼儿是环境的主人"，环境中展现幼儿当下的学习和经验，记录幼儿在传统文化特色主题活动中的发现、探索和成长。本节以徐州市星光第二实验幼儿园为例，介绍如何创设传统文化特色环境。

二、特色环境创设

徐州市星光第二实验幼儿园利用校园南面的围墙打造"民俗文化墙"，以图文并茂的形式宣传幼儿园传统文化特色活动。打造具有民间艺术特色的室外环境，借助树枝、木桩、木块等自然材料进行装饰，更加和谐统一。楼梯曲廊中打造青瓦白墙、吊脚飞檐、树干草檐等，彰显千年古建筑的传统魅力（图8-1-1、图8-1-2）。幼儿每天在观察和探索中发现欣喜，潜移默化地得到传统文化艺术的熏陶。

图8-1-1 民俗文化墙

图8-1-2 楼梯

各班级可选择一两种幼儿喜欢的传统艺术或民间美术形式作为班级美工特色，班级环境创设的主色调要统一，这样会使得班级整体环境和谐舒适。从传统艺术或民间美术中提取典型的视觉元素，如剪纸、泥塑、布贴、皮影、青花瓷等，用来装点主题墙、家园栏、活动区、吊饰等。教师充分利用游戏环境，以天然材料和创意材料为主，以传统的手工方式制作，使幼儿园环境带有浓郁的地方特色和民族风格，与民俗活动密切结合，与生活密切相关（图8-1-3、图8-1-4）。

图 8-1-3　龙舟　　　　　　　图 8-1-4　民俗主题墙

在美工作品展示墙或展示台上，每一件民间美术作品都是幼儿了解民间艺术，感受民间艺术魅力的见证，记录每一件作品的创作故事，让幼儿体验到参与制作的快乐和成功的喜悦。因此，老师要重视和珍惜孩子们的作品，让每一件作品都能得到最好的展示（图 8-1-5~ 图 8-1-7）。

图 8-1-5　作品展示墙（1）　　图 8-1-6　作品展示墙（2）　　图 8-1-7　作品展示台

 实景再现

图 8-1-8　　　　　　　　　图 8-1-9

图 8-1-10　　　　　图 8-1-11　　　　　图 8-1-12

案例分析

1. 艺术氛围浓厚的幼儿园走廊

在幼儿园走廊、门厅等公共区域充分展示幼儿民间艺术作品，栩栩如生的剪纸，活泼可爱的泥塑，艳丽明快的扎染，手工制作的花灯、风筝等，或悬挂、或张贴、或摆放。利用楼梯间创设棋吧、茶社，可供幼儿和家长在此下棋品茶（图8-1-13、图8-1-14）。

图8-1-13　　　　　　　　　　图8-1-14

2. 清新淡雅的青花瓷艺术

以青花瓷艺术为班级美工特色，整个教室充满清新典雅的韵味。教师在环境创设中大量运用青花瓷艺术典型元素，班级的吊饰、室内外墙面装饰、主题墙、活动区游戏服装等处都能看到白底蓝花的青花瓷纹样。美工区中专门设置青花瓷体验区，提供青花瓷瓶、青花瓷盘等图片供幼儿欣赏，并提供满足幼儿体验青花瓷艺术所需的各种材料。班级里每一个孩子都会画青花瓷，都知道青花瓷是中华瑰宝（图8-1-15～图8-1-19）。

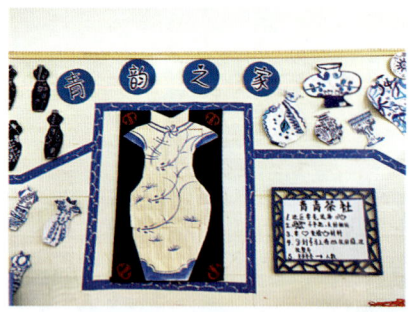

图8-1-15　　　　　　　　　　图8-1-16

图8-1-17　　　　　图8-1-18　　　　　图8-1-19

 练习与实训

1. 如何利用幼儿园楼梯转角，创设适宜的游戏环境？环境如何突出民俗特色？可提供哪些材料？

2. 设计大班节庆主题活动"欢天喜地闹新春",如何利用民间艺术形式将春节习俗展示出来?

 拓展链接

星光二幼园庆活动现场展出了以"传统文化,玩美呈现"为主题的1000余件幼儿及家长手工作品,表达了孩子们对民间艺术浓浓的热情,对中国传统文化深深的热爱(图8-1-20~图8-1-22)。

图 8-1-20

图 8-1-21

图 8-1-22

第二节 地域特色环境

根据习总书记"地球村"的概念,同时伴随着网络资讯和交通快速发展,地球逐渐变成一个村落,人们彼此之间的联系越来越紧密。要培养幼儿成为有世界意识、中国情怀、家乡情结的世界小公民,培养他们宽广的视野和博大的胸怀非常重要。为体现不同地域特色,幼儿园环境可选用七大洲作为基本要素,同时挖掘七大洲中具有代表性的,并且会引起幼儿兴趣的元素作为环境创设的重要组成部分。选用不同地域代表性的元素能激发孩子探究的欲望,参与环境创设,有益于幼儿对环境产生归属感。

一、基本概述

根据园所进行特色定位,将国际元素本土化、本土元素国际化作为幼儿园办园特色。在环境中应体现世界元素、中国本土元素。本节以徐州慧秀林幼儿园为例,介绍如何创设世界地域特色环境(图8-2-1~图8-2-3)。

图 8-2-1 非洲元素环境

图 8-2-2 欧洲元素环境

图 8-2-3 南极洲元素环境

二、地域特色环境创设

将不同地域典型视觉元素系统设计于教室环境中。教师在创设班级环境时要讲究整体性，将能反映不同地域特点的纹样装点在学习区、活动区和生活区的常规墙面、游戏区域、各类宣传版、主题墙等处。同时也可以在教室门、窗上部或顶面悬挂相应内容的吊饰，使幼儿园环境更加立体，气氛更加活泼。

 实景再现

图 8-2-4　非洲元素环境（1）

图 8-2-5　非洲元素环境（2）

图 8-2-6　非洲元素环境（3）

图 8-2-7　非洲元素环境（4）

 案例分析

1. 欧洲主题环境

设计意图：以欧洲地图作为底色和底板设计。以经典玩偶胡桃夹子为原形，创设出充满欧洲文化和特色的环境。幼儿阅读关于胡桃夹子的故事，可以让幼儿对胡桃夹子勇敢、机智等特点进行了解和模仿，适用于小班幼儿年龄阶段。以胡桃夹子的头像、剪影为造型元素，增强趣味性，激发幼儿参与和探究的欲望（图 8-2-8~图 8-2-13）。

配色方案：主色 ■　辅色 ■ ■ ■

图 8-2-8　家园联系栏

图 8-2-9　班务栏

图 8-2-10　自然区

图 8-3-13 云龙山庙会（1）

图 8-3-14 云龙山庙会（2）

 案例分析

社会性活动区主题游戏活动"家乡的美味"创作过程：

1. 教师了解当地特色饮食文化，收集相关的图片、影像资料，走访当地特色小吃街，感知地方饮食文化。

2. 师幼讨论班级社会性活动区的创设，从本班幼儿生活经验和兴趣点出发，与幼儿进行深度谈话，了解其对某一饮食文化的认识，抓住孩子们的兴趣点，共同开设适合本班级的社会性活动区。

3. 家园合作，深化沟通。邀请家长参与到班级活动区域创设中，开展家长进课堂活动，并请家长和幼儿到本地特色餐馆中采访、观察其特色，让幼儿更全面地了解当地饮食文化，丰富幼儿当下的经验。

4. 尝试创设，分工合作。教师引导幼儿分工合作，如第一组幼儿制作食材，鼓励幼儿使用替代物作为食材；第二组幼儿制作菜单、商量价格；第三组幼儿商量游戏规则；第四组幼儿寻找其他支持性的材料，如碗、桌子、桌布等。

5. 师幼共玩，教师做好幼儿的支持者、合作者。幼儿在游戏过程中，教师应根据幼儿的兴趣及时更新游戏材料，调整游戏玩法（图 8-3-15、图 8-3-16）。

图 8-3-15 老味地锅村

图 8-3-16 老徐州烧饼店

 练习与实训

收集和挖掘家乡特色资源，选择适宜幼儿身心健康发展的地方特色资源，创设出幼儿园某一活动区域环境，凸显家乡特色。

拓展链接

拉萨藏族地方特色在幼儿园活动区的运用

拉萨是西藏的政治、经济、文化和宗教中心，以风光秀丽、历史悠久、风俗民情独特、宗教色彩浓厚而闻名于世。将藏族特色融入当地幼儿园环境中，具有浓郁的地方民族风情，能够让幼儿深受本土文化的感染和熏陶。从藏族的文化、艺术、习俗，著名的古迹遗址、寺庙建筑、特色饮食等方面提取地方特色元素，融入幼儿园活动区域创设中（图8-3-17～图8-3-26）。

图8-3-17　拉萨旅游　　　图8-3-18　"布达拉宫"　　　图8-3-19　雪域美食

图8-3-20　藏餐吧（1）　　图8-3-21　藏餐吧（2）　　图8-3-22　欢乐藏戏售票处

图8-3-23　欢乐藏戏进区卡　图8-3-24　欢乐藏戏小舞台　图8-3-25　欢乐藏戏道具（1）　图8-3-26　欢乐藏戏道具（2）

第四节　农耕特色环境

一、基本概述

农耕文化，是指由农民在长期农业生产中形成的一种风俗文化。农耕文化形成了自己独特的文化内容和特征，是中国存在最为广泛的文化类型。

根据园所自身特点进行特色定位，幼儿园环境中农耕特色主要体现在与农耕有关的二十四节气、农具演变过程、农作物种植和观察记录、农作物艺术作品展示等方面。本节以部分幼儿园为例，介绍如何创设幼儿园农耕文化特色环境（图8-4-1～图8-4-3）。

图 8-4-1　农用工具　　　　图 8-4-2　农作物　　　　图 8-4-3　稻草人

二、农耕特色环境创设

要善于挖掘一切可以利用的乡土资源，通过创设多元的、充满乡土气息的幼儿园环境，开发和利用乡土特有材料，将与农耕相关的物品巧妙用于环境的装饰。将豆类、谷类、稻草、芦苇、麦秸秆、玉米棒、种子、水果、蔬菜、竹子、树木、花草及木制品、竹制品等用于幼儿园自然角种植和环境制作与装饰中，让幼儿开阔视野、增长知识。

幼儿园公共区域或走廊可分天时、地利、人和三个主题进行相关创设。天时是对二十四节气的认知，用二十四节气中特有的风俗开展主题活动；地利可让幼儿参与种植，观察植物生长过程和自然界的变化；人和则为让幼儿在游戏中发挥创意，将农作物创意成各种艺术品，凸显环境特色。

 实景再现

 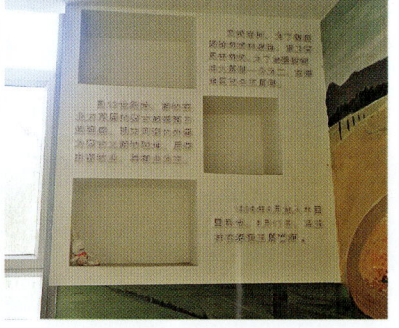 

图 8-4-4　内蒙古沅梦幼儿园种植区　　图 8-4-5　农耕文化墙面　　图 8-4-6　家园联系栏

 案例分析

以 24 节气为农耕文化的背景，让幼儿了解常见农作物、果蔬及水培类、土培类、沙培类植物的种植方法，对其生长规律和特征进行观察，记录植物生长过程（图 8-4-7~图 8-4-12）。

图 8-4-7　　　　　　　图 8-4-8　　　　　　　图 8-4-9　播种

图 8-4-10　发芽、生长　　　图 8-4-11　收获　　　图 8-4-12　植物生长记录

 练习与实训

1. 了解农耕文化的演变过程，深入挖掘可用于幼儿园环创中的材料，收集相关图片与音像资料。

2. 深入研究农作物创意的艺术表现形式及可延伸出的艺术作品，尝试创设幼儿园微景观，激发幼儿无限想象。

 拓展链接

农具演变过程（图 8-4-13~ 图 8-4-16）

图 8-4-13　　　　　　　　图 8-4-14

图 8-4-15　　　　　　　　图 8-4-16

参考文献

[1] 顾明远.教育大辞典（增订合编本上）[M].上海：上海教育出版社，1997.

[2] 陈桂萍.幼儿园环境创设[M].上海：华东师范大学出版社，2016.

[3] 冯芳.幼儿园环境创设[M].北京：北京师范大学出版社，2015.

[4] 蔡美春，张翠娥，敖韵玲.幼稚园托儿所行政[M].台北：心理出版社，1996.

[5] 【美】朱莉·布拉德著；陈妃燕，彭楚芸译.0-8岁儿童学习环境创设[M].南京：南京师范大学出版社，2014.

[6] 袁爱玲.幼儿园环境创设理论与实践[M].上海：华东师范大学出版社，2017.

[7] 王春燕.幼儿园课程概论[M].北京：高等教育出版社，2007.

[8] 赵娟，靳林，李敏.幼儿园环境创设与玩教具制作[M].北京：北京师范大学出版社，2017.

[9] 董旭花，韩冰川，张海豫.幼儿园户外环境创设与活动指导[M].北京：中国轻工业出版社，2018.

[10] 屠美如.向瑞吉欧学什么—《儿童的一百种语言》解读[M].北京：教育科学出版社，2002.

[11] 陈桂萍，郑天竺.幼儿园环境创设[M].上海：华东师范大学出版社，2017.

[12] 孙平燕.幼儿园环境设计与布置[M].陕西：西北大学出版社，2017.

[13] 庄子平.装饰图案设计技法创意[M].长春：吉林美术出版社，2008.

[14] 张彪.色彩构成设计[M].合肥：安徽美术出版社，2005.

[15] 胡璟辉，庞博.立体形态构成[M].北京：化学工业出版社，2015.

[16] 吕袁媛，华丽，王玉月.幼儿园环境设计的整合与创建[M].北京：科学出版社，2018.

[17] 刘莎.VI设计与实训[M].沈阳：辽宁美术出版社，2014.

[18] 陈青.VI设计新模板[M].西安：陕西人民美术出版社，2002.

［19］袁爱玲，廖莉.幼儿园环境创设［M］.上海：华东师范大学出版社，2017.

［20］沈建洲.幼儿园教育环境创设.上海：复旦大学出版社，2014.

［21］孙华庚，邵筱凡.手工实用教程［M］.北京：北京师范大学出版社，2013.

［22］郭力平，谢萌.幼儿园玩教具［M］.北京：中国轻工业出版社，2014.

［23］汝茵佳.幼儿教具与游戏［M］.长春：东北师范大学出版社，2011.

［24］杨帆.幼儿园教育环境创设与玩教具制作［M］.北京：高等教育出版社，2018.

［25］刘祥海，王区区.幼儿园玩教具制作［M］.北京：高等教育出版社，2016.

［26］李静.幼儿园环境创设实用教程［M］.南京：南京师范大学出版社，2018.

［27］中国站酷设计素材网https://www.zcool.com.cn/.

［28］肉丁网 / https://www.rouding.com

［29］百度百科 / https://baike.baidu.com

［30］昵图网 / http://www.nipic.com